특목고 우리 아이 이렇게 보냈다

특목고 우리 아이 이렇게 보냈다

초판 1쇄 | 2007년 1월 10일
3쇄 | 2014년 2월 28일

지은이 | 박은주 윤종숙 이미영 이현숙 최인숙
펴낸이 | 조옥남
디자인 | 황경환

펴낸곳 | 맹모지교
주소 | 120-786 서울 서대문구 홍제동 453 청구상가동 204호
전화 | 02-395-2442
팩스 | 02-395-2020
홈페이지 | www.mmother.co.kr
출판등록 | 2006년 4월 4일 제312-2006-00021호

ISBN 978-89-958022-1-2 03370

값 9,800원

외국어고 과학고 보낸 엄마들의 자녀관리

특목고 우리 아이 이렇게 보냈다

박은주 윤종숙 이미영 이현숙 최인숙

머리말

꿈이 있으면 길이 있습니다

올해는 외국어고와 과학고로 대표되는 특목고에 대한 바람이 유난히 거셌습니다. 자녀를 특목고에 보내면 일단 자식농사의 절반쯤은 이미 성공한 것이나 다름없다는 생각이 학부모들 마음 깊은 곳에 자리 잡고 있기 때문이었다고 생각합니다. 또 실제로도 그렇습니다. 주요 대학 입시에서 특목고 출신 학생들의 선전이 눈에 보이고 있습니다.

각자의 삶이 다르고 아이들이 다니는 학교도 다른 우리 필자 다섯 명이 아이를 외국어고와 과학고에 보낸 저마다의 경험을 털어놓기로 한 것은 이들 학교에 자녀를 보내고 싶어하는 엄마들에게 조금이라도 도움이 되겠다는 믿음에서입니다.

특목고 합격이라는 목표에 도달하기까지 때로는 정보에 목말라 하고, 때로는 노심초사하면서 쉽지 않은 길을 달려왔습니다. 물론 회의도 있었습니다. 다른 엄마들도 비슷한 가슴앓이를 해 왔을 것입니다. 그런 과정들을 거치면서 다른 엄마들이 참고할 만한 기록을 만들어 놓자고 의견 일치를 보았습니다.

하지만 아이를 특목고에 보냈다는 정도로 무슨 큰일이라도 치른 것처럼 남들 앞에 나서기는 솔직히 저어되었습니다. 몇 번의 망설임 끝에 우리가 아이를 키우면서 경험해 왔던 그 어떤 사소한 것이라도 같은 길을 걷는 엄마들에게 도움이 될 것이라고 자위하며 스스로 용기를 내었습니다.

물론 우리 각자가 해 왔던 관리법이 모든 엄마들에게 딱 들어맞을 수는 없습니다. 아이들의 적성과 기질, 성장배경과 환경 등이 같지 않기 때문입니다. 단지 우리 아이에게 잘 들어맞았던, 참고할 만한 경험일 뿐입니다. 분명한 공통점은 길게 내다보고 준비해 왔다는 점입니다.

지나온 길을 돌아보면서 우리는 외국어고나 과학고의 매력을 다시

한 번 확인할 수 있었습니다. 가능하면 자녀를 특목고에 보내는 게 좋다고 주저하지 않고 말할 수 있습니다.

특목고에 관심 없는 엄마라 할지라도 우리가 해 왔던 관리법이 타산지석이 될 것으로 믿습니다. 특목고에 보내느냐 보내지 않느냐는 문제가 아니라 대학 입시라는 긴 여정을 어떻게 준비할 것인가의 문제이기 때문입니다.

다섯 명의 이야기이다 보니 다양한 경험을 듣는 이점도 있지만 일관성이 떨어지는 단점도 있습니다. 감안해서 읽어 주시고, 자녀교육이라는 같은 길을 걷는 마음까지도 받아주시길 바랍니다.

2006년 12월 겨울 길목에서

박은주, 윤종숙, 이미영, 이현숙, 최인숙

차례

2. 하나 마나 한 잔소리보다는 꿈을 심어주라 _ 대일외고 보낸 이현숙

1

습관의 씨앗을 뿌리면 운명의 열매가 열린다

아이들은 생각이 아주 단순하기 때문에 한 번의 예외가 한 번으로 끝나지 않고 두 번의 예외로, 다음에는 세 번으로, 그리고는 계속 반복이 되어 원치 않는 습관화가 되어 버릴 수 있다.
이런 변함없는 생각으로 예외 없는 원칙을 고수한 결과 우리 아이는 1년 만에 습관화가 되었다. 그 후부터는 아이와의 갈등이나 어려움 등은 말끔하게 없어져 버렸다.

글쓴이 : 박은주
첫째를 대원외고에 보냈습니다. 사내 아이 둘을 키우려면 공갈, 협박, 구타가 필수라는 우스개를 스스럼없이 하지만 고3 아들로부터 사랑의 뽀뽀를 받는 대한민국의 몇 안 되는 행복한 엄마입니다. 아이들과 새벽까지 인생에 관해 이야기를 나누면서 아이의 모델이 되는 부모가 되려고 노력합니다.

어느 새 우리 아이가 외고 3학년이 되어 대학 입시 수험생이 되었다. 시간이 빨리 간다는 말이 새삼 가슴에 다가온다. 고입이든 대입이든, 원하는 목표를 이루어 나가야 하는 입장에서 보면 항상 긴장되고 염려된다. 덜하고 더하고 없지만 엄마로서는 외고 입시를 준비하면서 긴장과 염려의 과정을 먼저 거쳐서인지 그때보다는 여유와 안정이 있다.

기억해 보면 외고 진학을 준비하는 과정이나 중학교 생활에서 그렇게 커다란 후회나 아쉬움은 나나 아이에게 없었다. 참으로 다행이고 행복이었다. 외고 합격이라는 결과가 있었기에 그런 게 아니고 최선을 다했기 때문이 아닌가 싶다. 지금도 나는 아이가 대원외고에 진학한 것을 너무 잘한 일이라고 생각한다. 아이의 인생에서 무엇과도 비교하기 어려운 보석 같은 시간과 기회가 될 것이라는 기대에서다. 아이는 나름대로 처음 목표를 세우고 달성함으로써 자기 삶을 가꿔 나가는 데 큰 용기와 자신감을 갖고 자기 꿈을 키워가기 위한 더 구체적이고 큰 계획을 세울 수 있게 되었다.

특목고에 자녀를 진학시키고자 하는 학부모, 또는 공부를 잘하는 아이로 키우고자 하는 학부모에게 나름의 경험을 나눌 수 있는 기회라 생각했지만 막상 글을 쓰려니 조심스러움이 마음 가득하다. 이제 겨우 한 아이를 외고에 진학시킨 정도로 무슨 남들에게 알릴 것이 있다고, 앞에 나서서 책을 쓸 만한 감이 되느냐는 염려다. 한동안 고민한 끝에 앞서간 선배 학부모들의 실수에 대한 아쉬움, 유익한 정보에 대한 안내 등의 크고 작은 경험담이 내가 자녀를 교육시키는 데 실제로 큰 영향을 끼쳤고 미미하더라도 밑거름이 됐음을 새삼 깨달았다.

자녀를 양육하고 교육하면서 경험했던 그 어떤 사소한 것이라도 다른 사람에게 좋은 영향과 기회를 제공한다면 참으로 소중하고 감사한 일이라 생각하게 되었고 스스로 위로하며 용기를 내었다.

'case by case'라는 말이 있다. 내 아이의 경우에 잘 적용이 되었고 유익했다고 생각하기에 여기에 소개하지만, 많은 경우 동일하지 않을 것임을 넉넉한 마음으로 양해해 주길 바란다. 아이의 적성과 기질, 성장배경, 주어진 환경 등에 따라 얼마든지 다른 결과를 가져올 수 있음을

인지하고 열린 마음으로 이 글을 담아 주었으면 한다.

결과만 놓고 본다면 외국어고에 합격한 이야기를 먼저 하는 게 순서겠지만 과정이 없는 결과는 있을 수 없기에 좋은 습관을 들인 이야기부터 시작하는 게 좋겠다.

좋은 습관은 유익한 삶을 가꾸는 기반

3살 버릇, 여든까지 간다. 평소에도 나는 좋은 습관의 중요성을 마음 깊이 새겨 두었다. 좋든 나쁘든 간에 어렸을 때 형성된 습관은 여간해서 고치거나 바꾸기 어렵다. 우리 집의 경우나 주변을 보아도 정말 맞는 말인 것 같다. 나의 경우 좋지 않은 습관도 있지만, 좋은 습관이라고 할 수 있는 것들이 정말 유익하고 귀한 열매를 가져다주었다.

계획한 분량의 일이나 해야 할 일을 미룬 적이 없다거나, 식사를 할 때 한 알갱이 밥알이나 반찬 내용물까지 남김없이 먹는다거나, 매일 일기를 쓰거나 아니면 내용에 상관없이 글을 긁적인다거나 하는 등의 습관은 아주 유익한 삶을 가꿔갈 수 있는 기반이 되었다.

나폴레옹은 "행동의 씨앗을 뿌리면 습관의 열매가 열리고, 습관의 씨앗을 뿌리면 성격의 열매가 열리고, 성격의 씨앗을 뿌리면 운명의 열매가 열린다."고 했던가. 고이즈미 주조가 쓴 〈머리 좋은 사람들의 9가지 습관〉이란 책에도 "습관은 밧줄과 같다. 처음에는 실처럼 가늘었지만 행동을 반복하면 그것은 밧줄처럼 굵어진다. 그런 의미에서 우리는 날마다 습관이란 밧줄을 튼튼하게 꼬고 있는 셈이다. 그렇게 만들어진 습관은 너무 굵어서 끊을 수 없다. 처음엔 당신이 습관을 만들고, 나중엔 습관이 당신을 만든다."는 내용이 나온다. 모두 습관의 중요성과 그에 따른 결과의 중요성에 대한 것이 아닌가 생각한다.

이성을 알게 되는 만 2.5~5세에 주목하다

그러기에 나는 아이를 키우면서 좋은 습관 길러주기를 참으로 중요하게 생각하고 의도적으로 집중적인 교육을 시켰다. 그 교육은 큰아이가 내 뱃속에 있을 때부터 시작했다. 크리스천인 나는 임신 사실을 알고 난 후, 직장을 다녔음에도 불구하고 매일 새벽 5시면 일어나 배에 손을 얹고 기도하면서 아이와 교감을 가졌다. 확신하건대 그래서인지 산통도 어김없이 새벽 5시에 시작되었다.

출산 후 목욕시키기, 먹이기, 잠재우기 등도 가능한 제시간에 하도록 애를 썼다. 말이 그렇지 거의 필사적이었던 것 같다. 원래 내 성격이 원칙적인데다 계획했던 대로 일과를 보내는 습관이 적지 않은 영향을 주었던 것 같다. 자연히 아이도 잘 시간이 되면 어김없이 잤고 먹는 것도 그랬으며 심지어 목욕이 좀 빠르거나 늦을 때는 칭얼거렸다.

유아교육에 관한 지침서를 많이 읽은 것은 아니지만, 책에는 아이들이 만 2.5세~만 5세 사이에 본능을 넘어서 이성을 알게 된다고 한다. 때문에 아이에게 해도 되는 것과 해서는 안 되는 것에 대하여 확실하게 교육시켜야 하는 중요한 시기라는 것이다. 결국 행동에 대한 교육인데, 이 행동이 결국은 습관을 낳게 되는 것이라 생각하여 아이에게 해서는 안 될 행동과 해야 되는 행동에 관한 교육을 했다. 밥 먹기 전에는 손을 씻어야 하며, 여러 사람이 모인 곳에서는 순서를 지키고, 밤에 자기 전에 화장실을 꼭 다녀온다거나, 음식은 남기지 않고 먹으며, 인사할 때에는 눈을 보고 머리를 숙여야 한다는 등의 교육이었다.

동일한 내용에 관한 반복된 행동은 자연히 습관이 되었다. 습관은 아이가 아직 어렸을 때이지만, 동일한 상황에서 동일한 행동을 하게 했다. 물론 좋은 습관을 길러 주려다가 좋지 않은 습관이 생기기도 했다.

음식을 하나도 남기지 않고 다 먹는 교육을 시키다 보니 아이는 배가 불러도 끝까지 다 먹게 되었고 급기야 위가 늘어나 대식가가 돼 버린 것이다. 이유식을 먹일 때도 무조건 남기지 않고 다 먹였다. 이제는 음식을 다 먹기 위해서가 아니라 늘어난 위를 채우기 위해 먹다 보니 소아비만이 되어 급기야 병원에서 경고까지 받았다. 너무 많이 먹는 아이를 다이어트 시키기 위해 공갈 젖꼭지를 물리기까지 했다.

아이가 만 3세가 되었을 때부터는 하루를 반성하고 내일을 생각하는 기도시간을 자기 전에 꼭 갖도록 하였다. 신앙심을 길러주고 싶어 시작했지만 어려서부터 하루를 평가하고 계획하는 습관은 인생을 사는 데 반드시 필요한 준비라 생각했다. 지금도 아이는 거의 하루도 거르지 않고 'Quiet Time'을 가진다. 아프거나, 시험 중이거나, 여행 중이라도 빼먹지 않는다. 우리말로 굳이 표현하자면 묵상시간쯤 되는 'Quiet Time'은 아이가 자만이나 실망에서 스스로 해결점을 찾아내는 귀한 보석 같은 습관이 되었다.

안타까운 점은 바쁘고 해야 할 일이 너무 많은 시대에 살다 보니, 결과에만 너무 집중한 나머지 어른 아이 할 것 없이 평가나 반성, 각오 등을 통해 과정을 뒤돌아보는 시간을 거의 갖지 못한다는 사실이다. 이러한 상황은 특히나 장래와 진로에 대한 다지기 작업이 필요한 청소년들에게 목적의식 없는 가치관, 분별력 부족한 도덕관, 개성이라고 지나치게 포장된 이기심, 부화뇌동하는 경쟁심 등을 부추긴다.

그래서 나는 중요한 것들도 많지만 그중에서도 자신을, 자신의 행동이나 생각을 평가하고 계획하는 시간을 갖도록 하는 습관을 어려서부터 반드시 길러 주어야 한다고 강조한다. 우리 아이의 경우 하루를 반성하고 계획하는 과정을 통해 목표가 생기게 되었고, 다른 사람에 의해서가 아니라 본인의 의지로 해야 하는 일, 하고자 하는 일에 대해 탄력을 받을 수 있게 되었다. 따라서 동일한 상황에서 동일한 분량의 공부나 해야 할 일이 있을 경우 다른 아이들에 비해 편안하고 비교적 수월하게 해내었다.

큰아이가 만 5세가 되었을 때 남편이 상사주재원으로 나가게 되어 우리 가족은 독일과 영국에서 약 5년간 거주하였다. 그 나라들은 여러 면에서도 그렇지만 교육에 관해서도 선진국이었다. 나는 그곳에서 완전히 새로운 교육관을 갖게 되었다.

독일에서 2년 반 정도 살았다. 독일은 서머타임이 실시되는 여름이면 밤 10시가 넘어도 해가 완전히 없어지지 않는데 아이들은 저녁 8시가 되면 반드시 취침한다. 독일 가정에서는 예외 없이 지켜지고 있었다. 우리 애도 저녁 8시만 되면 무조건 재웠다.

하지만 유치원 시작 시간보다 훨씬 일찍 일어나는 아이에게 계속 침대에 있으라고 할 수 없어 시간을 효율적으로 보내는 방법을 궁리했다. 한국에서 가져간 학습지를 함께 하고, 일기를 쓰게 하고, 독일어를 배울 수 있도록 어린이 TV프로그램을 조금 시청하다 유치원에 가게 했다.

1년 만에 4가지 습관을 확실하게 들이다

그때부터 하루에 일기 쓰기, 학습지 2개 풀기, 기도시간 갖기 등 4가지는 반드시 해야 하는 것으로 습관을 들였다. 그야말로 아플 때도, 다른 나라로 여행을 가서도, 손님이 며칠씩 집에 머물 때도 절대로 예외를 허락하지 않고 철저하게 지켜나갔다. 하루에 해야 할 학습지 분량과 소요되는 시간이 절대로 많거나 길지 않도록 일주일 분량씩 날짜와 요일을 적어가며 나누어 주었고, 반드시 확인을 하였다. 단, 일기는 아주 짧아도 똑같은 내용이 아닌 것을 기억하고 남겼으면 넘어갔다. 정말 불가피한 상황으로 못 했을 경우에도 그냥 넘어가지 않고 밀린 학습지를 날짜별로 며칠에 나누어서 하게 했다. 일기도 지난 기억을 더듬는 것을 도와주며 밀린 것을 다 쓰게 하였다.

아이가 힘들어하기도 했고, 특히 남편은 "어느 정도 했으면 넘어가는 것이 좋지 않느냐."는 불만도 있었다. 아직 어렸던 작은아이를 돌보면서, 하기 싫어하는 큰아이를 설득시키고 한 가지라도 빼먹은 것이 없나 매일 확인하는 일에 나도 지칠 때가 있었다. 정말 쉽지 않았지만 좋은 습관은 반복적이며 규칙적인 행동과 더불어 해야 하겠다는 의지가 강하게 있을 때에 가능하다는 생각에는 지금도 변함이 없다.

어른들도 마찬가지겠지만, 하물며 아이들은 생각이 아주 단순하기 때문에 한 번의 예외가 한 번으로 끝나지 않고 두 번의 예외로, 다음에는 세 번으로, 그리고는 계속 반복이 되어 원치 않는 습관화가 되어 버릴 수 있다. 이런 변함없는 생각으로 예외 없는 원칙을 고수한 결과 우리 아이는 1년 만에 습관화가 되었다. 그 후부터는 아이와의 갈등이나 어려움 등은 말끔하게 없어져 버렸다.

아이는 하루에 해야 할 일을, 마치 아침에 일어나면 세수하고 배고프면 밥 먹는 것처럼, 너무도 당연하고 일상적인 것으로 받아들였다. 잔소리는 할 필요가 없어졌고, 내가 바빠 학습지 분량을 나누어 놓지 못할 경우는 아이가 오히려 잔소리를 할 정도에 이르렀다. 두 아이 모두 5살 때부터 중학교 1학년 1학기 중간고사를 보기 전까지 거의 빠지지 않고 쓴 일기장이 우리 집에 튼튼하게 포장되어 있다. 아이들이 결혼하면 선물로 줄 요량이다.

습관과 관련된 잊지 못할 에피소드가 많다. 부활절휴가를 맞이하여 네덜란드로 여행을 갔을 때다. 숙소를 예약하지 않고 갔더니 휴가철이라 숙소를 구할 수 없었다. 결국 고속도로 휴게소 주차장에 차를 대고 하룻밤을 보내게 되었는데, 그때에도 아이는 학습지를 꺼내서 하고 일기를 쓰겠다는 것이었다. 가방 깊숙이 넣어 찾기가 어렵다고 해도 막무가내였고, 오늘 할 일을 하기 전에는 잠을 자지 않겠다고 했다. 너무 당황하기도 하고 귀찮기도 했지만, 기특하기도 해서 꺼내 주었더니 다 하고 나서야 차 안에서 잠이 들었다.

결론적으로 어렸을 때부터 하루에 할 일을 반드시 하도록 한 습관이 우리 아이가 한국에 초등학교 4학년 때 들어 와서 따라가기 어렵던 공부를 잘할 수 있게 해 준 든든한 밑거름이 되었다. 이 좋은 습관 덕분에 놀고도 싶었고, 학업 내용이 너무 어려워 포기하고도 싶었던 낙심의 턱을 잘 극복하고, 뒤쳐져 있던 모든 영역에서 자리를 차고 나올 수 있었다. 하루도 빠짐없이 학교 수업 내용을 일정 분량, 일정 시간 동안 예습과 복습함으로써 다른 어떤 좋은 보조교재나 도우미보다 월등한 효과를 얻을 수 있었던 것이다.

이런 공부하는 습관과 하루를 관리하는 습관은 중학교에 가서 더욱 훌륭한 결과를 가져왔다. 중학교 내내 상위 1%의 좋은 성적을 얻을 수 있어 외고에 진학하고자 하는 목표를 갖게 됐고, 결국 목표를 달성했다. 현재 고3 수험생인 큰아이는 여전히 이 공부습관 덕을 톡톡히 보고 있고 앞으로 사회생활에서, 그리고 가정생활에서도 분명 훌륭한 디딤돌이 될 것이라 기대한다.

체험활동을 통해 생각주머니를 길러주다

앞서 좋은 습관이 아이 성장과 학습능력 향상에 미치는 영향에 대해 언급했다. 습관은 부모의 교육을 통해 형성되는 것인데, 성장하는 아이가 부모의 교육으로 주어지는 것만 받아들이게 된다면 수동적일 수밖에 없을 것이다. 아이가 자라면서 부모나 기타 간접 수단을 통해 접하지 못한 부분에 대해서는 스스로 판단하고 선택할 수 있어야 한다. 그러려면 아이에게 풍부하고 다양한 '생각주머니'가 형성되어야 한다. 좋은 습관은 반복적인 행동을 통해 만들어지는데 이 행동에는 생각이 우선 있어야 한다. 생각은 능동적으로 무엇을 하고 싶고, 바라는 마음이며 관심이다. 능동적인 생각을 갖도록 하는 기회와 수단은 여러 가지가 될 수 있겠지만 나는 그중에서도 체험활동을 통한 생각 키워주기가 참으로 중요하다고 여긴다.

체험활동 중심 영국과 독일에서 한 수 배우다

이런 생각과 교육관을 갖게 된 것은 독일과 영국에 거주했던 경험에서였다. 독일과 영국의 유아, 초등교육 과정에서는 직접적인 체험을 통한 교육과정이 거의 대부분이었다. 예를 들어 교통질서 교육을 할 때는 아이들에게 시청각 자료를 제공하기 이전에 놀이터 또는 버스정류장, 운동경기장 등으로 데리고 간다. 그리고는 질서를 잘 지키는 곳과 그렇지 못한 곳을 관찰하게 한 다음, 아이들 스스로 생각할 시간을 주어 깨닫게 한다. 아이들은 교통질서를 잘 지키면 편하고 안전하며, 그렇지 못했을 때는 불편하고 위험하다는 것을 직접 보고 느꼈기 때문에 교통질서를 왜 지켜야 하는지 빨리, 그리고 쉽게 인식하게 된다. 그리고 그것을 실천적인 행동으로 이어간다.

그 밖에도 다양한 영역에서도 아이들은 직접적인 체험을 통한 교육을 받았는데, 이것이 기가 막힌 교육 방법임을 나는 절실히 깨달았다. 그때부터 나는 독일과 영국 학부모들이 어떤 종류의 체험활동을 어떻게 시키고 있는지 열심히 알아보고 내 아이에게도 곧 실천하였다.

우선 영역별로 분류를 잘해야 했다. 한 부분으로 치우친 체험은 아이가 다양하거나 바람직한 생각을 갖는 데 큰 방해 요소가 될 수 있기 때문이다. 아이가 좋아하는 영역, 부모가 선택하기 쉽거나 부모의 기호에 가까운 영역 등에 비중을 많이 두는 경우가 여기에 해당된다. 또 아이의 적성과 천성, 체질 등을 무시하고 다수가 선택하는 영역, 혹은 우수한 집단이 주로 선택하는 영역을 선택한 경우 등이다.

게다가 부모와 함께 하는 체험활동이나 학습은 아이가 어느 정도 자라게 되면 여러 가지 이유로 사실상 어려워지기 때문에 성장과정에 따라 적절하게 단계별, 연령별로도 잘 분류해야 했다. 유치원 시절에는 상점, 도서관, 스포츠 경기장 방문, 만들기, 각종 놀이문화 체험, 친구 초대, 남의 집 방문, 계절별 절기별 축제 참여 등을 하였다. 초등학교 시절에는 여행, 관심 있는 운동이나 스포츠 캠프 참가, 여러 영역의 교과 내용과 관련된 장소 방문, 실습, 문화공연 관람, 봉사, 각종 콘테스트 출전 등의 활동을 하였다.

귀국 후, 체험활동 프로그램과 기회가 많았던 독일이나 영국과 비교할 수야 없었지만 나는 체험활동에 최선을 다했다. 학기 중에는 좀 어려웠지만 방학 중에는 첫날부터 마지막 날까지 거의 빠짐없이 아이들과 다양한 체험활동을 하였다. 방학이 시작될 때 즈음이면 나는 체험활동 계획표를 짜기 시작했다. 인터넷을 통해 정보와 장소를 쉽게 얻을 수 있었고, 그 외 여러 잡지, 기관 홈페이지 등을 통해 일자별로 체험활동 계획을 세웠다. 그렇게 해야 버리는 시간을 최소화할 수 있었기 때문이다.

학원을 끊고 방학 내내 체험활동을 다니다

다른 아이들은 방학 중 특강이네, 선행학습이네 하며 더욱 열심이었지만 우리는 그나마 다니던 영어학원과 수학학원도 방학 중에는 모두 끊어 버리고 학교 과제물을 중심으로 체험활동에 나섰다. 그랬기에 아이들은 방학을 기다리며 학교생활에 탄력을 갖게 되었고, 방학이 되면 학교생활에서 받았던 중압감 등을 다 해소할 수 있었다. 그래서인지 천성적인 면도 있었겠지만 아이들이 매우 밝고 긍정적으로 학교생활을 해 왔다. 덕분에 아이들은 개학할 때 제출하고 싶은 자료가 많았고, 방학과제 우수상을 거의 매학기 받았다. 물론 매일 해야 할 일, 학습지나 교과서 중심의 예습과 복습을 위한 학습 등은 체험학습을 하면서도 하루도 거르지 않았다.

중, 고등학교에 와서도 체험학습을 거르지 않았는데, 현실적으로 방학 중 복습이나 선행학습을 미룰 수는 없었기에 주로 아이의 특기와 적성을 함께 계발할 수 있는 체험학습 프로그램을 찾았다. 예를 들면 음악을 좋아하는 관계로 청소년 음악회캠프 참가, 영어 학습능력이 우수했고 또 좋아했기에 영어 경시대회 및 영어 웅변대회 참가, 인증시험을 통한 자격증 취득, 운동을 좋아해서 경기 관람, 좋아하는 스포츠 강습 수강 등이었다. 여행을 너무 좋아하고 자연친화적인 아이들이라 정말 많이 나돌아 다녔다.

여름철이면 바다수영을 특히 좋아하고 스쿠버를 하기 원하는 아이들을 데리고 일찍 강원도 고성으로 출발했다. 도시락 먹는 것을 좋아하는 애들 때문에 새벽 2시부터 아침과 점심 도시락을 쌌다. 남편은 직장관계로 못 가고 혼자 이 일을 했다.

운동신경이 없고 운동을 별로 좋아하지 않았던 나는 아이들이 스쿠버 강습을 받고 바다수영을 즐기는 동안 혼자 뜨거운 모래사장 위에 앉아 있다가 점심을 먹이고 저녁이면 짐을 싸서 부지런히 서울로 올라오고, 그 다음날은 아침부터 박물관으로 데려가곤 하였다. 바다수영을 함께 한 날은 힘들어 졸음운전을 한 적도 있었다. 그래도 여름에는 참을 만했다. 겨울이면 스키를 무척 좋아하는 아이들을 위해 역시 새벽부터 도시락을 싸서 강원도 스키장으로 출발했다. 새벽부터 야간까지 일일 스키를 타는 동안 나는 숙소도 없이 하루 종일 추위에 떨며 기다리느라 정말 힘들었다.

주변에 일행이라도 있으면 말동무가 되어 덜 힘들었을 텐데 우리 집 놀이문화에 익숙하지 않은 친구나 친척들과의 동행을 아이들이 불편해 했다. 무엇보다도 체력이 넘쳐나는 우리 아이들은 더 운동을 하고 가자고 하지만 동행한 친구나 친척 아이들은 이미 기진맥진해 있기 때문에 같이 다니는 것을 원하지 않았다.

학기 중 시험이 끝나는 날이면 다른 아이들은 대개 친구들과 어울려 게임방에 가거나 영화관을 주로 찾았지만 우리 아이들은 "이렇게 귀한 시간을 왜 실내에서 아깝게 보내느냐."며 가까운 수목원이나 계곡, 박물관, 야외수영장, 놀이공원 등으로 갔다. 놀이기구를 무서워하는 나는 아이들이 타고 노는 동안 다른 기구에 가서 미리 줄을 서 있다가 아이들이 오면 자리를 내주고 또 다른 기구로 향하곤 했다. 여름에는 너무 더웠고, 겨울에는 너무 추워 힘들었다.

나름대로 체험활동을 통해 아이들의 생각주머니를 크고 넓게 만들어 주고자 애를 썼음은 분명하지만 뒤돌아보면 너무 직접체험에만 집중하고 간접체험을 할 수 있는 기회를 돌아보지 않음이 문제였다. 사고나 생각은 직접체험을 통해 자랄 수 있지만 지식은 책이라는 간접체험을 통해 갖게 되는데, 책 읽는 습관과 훈련을 시키지 않았음이 너무 후회가 된다. 분명 균형 있는 교육활동이 되지 못했던 것이다.

그 결과 우리 아이들은 언어영역에서 어휘가 부족하고, 관계접속사에 대한 감각이 많이 떨어지며, 독해 시간이 아주 많이 걸린다. 고3 수험생인 큰애, 중3 외고 준비 중인 작은애가 동일한 어려움을 겪고 있다. 또 내가 이과영역을 싫어하고 또 무지하다 보니 우리 아이들에게 그쪽 부문에 관한 체험활동이나 생각을 길러주는 자료가 턱없이 부족했다. 이에 따라 아이들 역시 그쪽 부문에 관심이 없는 게 현재도 역력하다. 이는 기질과 적성, 천성과도 관계가 있겠지만 내가 제때 기회를 제공하지 못했기 때문이다. 그러기에 부모가 좋아하고, 원하는 것만 선택하지 않도록 주의해야 한다.

요즘은 우리나라 공교육에서도 체험학습과 활동의 중요성에 대한 인식이 높아지면서 그럴 기회가 많아졌다. 아이들이 어릴 때부터 다양하고 균형 잡힌 영역에서 체험학습과 활동을 통해 만족하고 자랑할 만한 운명을 만들어 낼 수 있는 좋은 '생각주머니'를 가질 수 있도록 부모가 노력해야 한다.

아이의 모델이 되는 부모를 꿈꾸다

사람마다 존경하거나 닮고 싶은 인물이 한 사람 정도는 있다. 그 인물에게서 배우고 싶거나 닮고 싶은 객관적이고도 인정할 만한 무엇인가가 있기 때문이다. 존경하라고 누가 강요하거나 설득하지 않아도 개인적으로 그럴 만한 가치가 있다는 생각에서 스스로 대상을 선택하는 것이다.

부모도 아이들을 양육하면서 마찬가지 역할과 대상이 되어야 한다고 나는 생각한다. "너는 내 아이이고, 나는 네 부모니까." "너는 어리고 나는 어른이니까."라는 이유로 부모 말을 잘 들어주기를, 교육하는 대로 받아들여 주기를 원하는 것은 너무 불합리하고 타당하지도 않다. 굳이 말이나 행동으로 그런 것들을 표현하지 않더라도 아이가 보기에 부모가 가르치는 것들이 닮고 싶고 배우고 싶은 것이라면 절로 그렇게 될 것이라 생각한다.

그렇기 때문에 부모는 아이들의 훌륭한 모델이 되어야 한다. 우리 가정에서는 내가 교육을 주로 담당하였기에 엄마가 교육의 주 역할을 맡는 경우에 대해 이야기해 보고자 한다.

우리 아이가 아는 물 절약법

하루에 할 일을 반드시 마치도록 습관을 교육하면서도 마찬가지로 내가 먼저 그런 모습을 보여야 한다고 생각했다. 때문에 아이의 하루 과제물을 확인하는 일을 단 한 번도 한꺼번에 몰아서 한다거나 빼먹는 일을 하지 않았다. 아플 때에도, 바쁠 때에도, 여행을 가서라도 꼭 했다. 나는 중학교 때부터 'Quiet Time'을 가지고 있는데, 아이들이 어렸을 때에는 일부러 보는 장소에서 'Quiet Time'을 매일 가졌다. 그리고 내가 어쩌다 못한 경우에도 다음 날, 못한 것까지도 하고 있음을 어떤 방법을 통해서라도 아이들이 알게 했다.

아이들에게 약속한 것은 반드시 지켰다. 저녁식사 메뉴로 어떤 것으로 해 주기로 한 날, 불가피한 사정이 생기면 시간을 앞당기거나 늦춰 그 메뉴를 해 주었다. 아이들과 언제 무슨 영화를 보러가기로 했을 때 공교롭게도 영화 상영이 끝났으면 다른 지역까지 찾아가서라도 그 영화를 보게 해 아이들을 실망시키지 않으려 했다.

어려서부터 아이들에게 TV시청에 철저하게 제한을 두고 어린이 프로그램만 적당 시간 시청하게 하였는데, 그때도 나는 어른 프로그램에 시간제한을 두고 엄마도 정해진 시간에 정한 시간만큼 본다는 것을 아이들이 알게 했다. 지금까지도 이 원칙은 깨지 않았다. 가끔 불가피하게 지키지 못할 때가 있긴 했지만 원칙을 우선으로 하였다. 지금까지도 TV 프로그램의 시청가능 연령표시를 반드시 확인하고 해당 프로그램만 보게 하였다.

도덕과 인성, 양심에 관한 교육에서도 우선 내가 본이 되어야 했다. 교통법규 지키기, 환경 지키기, 거짓말 안 하기, 분리수거 하기, 공공질서 지키기 등 늘 여러 면에서 긴장하고 주의해야 했다. 이런 경우에도 예외를 허용하지 않았다. 아무도 없는 새벽에라도 교통신호는 철저히 지키고, 분리수거도 아주 꼼꼼하게 한다. 환경오염 제품 사용을 자제하고, 환경친화적인 것들을 사용했다. 일회용품 안 쓰기, 친환경세제 사용하기, 집안에서나 외식에서도 음식물 안 남기기, 철저한 분리수거, 쓰레기 줄이기 등이 대표적인 예이다. 이것들을 아이들도 알게 했다.

물과 전기 등 에너지, 물자절약에 관해서도 마찬가지였다. 내가 먼저 최대한 절약하였고 아이들에게도 교육을 시켰다. 나는 모든 수도꼭지에서 나오는 물의 양을 최소화시켜 놓았고, 흐르는 물에 설거지하는 것을 지양한다. 필요하지 않은 전기는 잠시라도 끄고 사용하지 않는 가전제품은 반드시 플러그를 뽑아 놓는다. 여름과 겨울의 실내온도는 권장온도를 유지한다. 이 경우 여름에는 좀 더우며 겨울에는 좀 춥다. 그래서 여름에는 냉기가 최대한 오래 남도록 애를 쓰고 겨울에는 양말 신기, 이불 덮기, 두꺼운 옷 입기를 하고 있다.

우스운 이야기를 소개하자면 작은아이 시험에 물을 절약하는 방법을 아는 대로 쓰는 주관식 문제가 있었다. 아이가 "목욕을 10분 이상 하면 목욕탕 불을 꺼버린다."고 썼더니 담임선생님께서 무슨 뜻이냐고 물어 보셨다고 했다. 실제로 우리 집에서는 사람들이 물을 얼마나 낭비하는지 알아보기 위해 10분 이상 샤워꼭지에서 물이 흐르게 한 뒤 이것을 2L짜리 물병에 담아 죽 나열한 적이 있다. 그런 다음 놀라워하는 아이들과 약속하기를 샤워할 때 10분 이상 물을 쓰지 않기로 원칙을 정했던 것이다. 우리 아이들은 공중목욕탕이나 수영장 등에서 물을 낭비하는 어른들을 보면 실망하고 화나 한다.

큰아이가 중학교 때에는 친구들이 교통신호를 지키지 않거나 무단횡단을 하려다가도 우리 아이가 등장하면 "떴다, 바른생활 아저씨!" 하면서 그만둘 둘 정도였다. '바른생활 아저씨'는 우리 아이 별명이었다. 본인이 교통법규를 반드시 지켰고, 다른 아이들이 법규를 제대로 지키지 않을 때는 제대로 하라고 권하기도 하고 잔소리도 했기 때문이었다. 학습능력 향상과 남보다 앞서가는 것을 좋아하지 않는 부모는 없을 것이다. 그렇지만 아이들 앞에서 공부하고 노력하는 부모의 모습을 보여주는 부모는 적은 것 같다.

너희만 MP3를 아느냐?

세대 차이에서 오는 자녀와의 충돌에 대해서 이야기해 보고자 한다. 컴퓨터, 인터넷, 휴대폰, MP3, CD player, 온라인쇼핑, 다양한 자격증 등 아이들에게 필수품이 된 것들에 대해 "엄마 때는 없었다."거나 "필요 없다."는 구차한 변명으로 이야기가 통할 수 있을까?

나는 내 아이들의 눈높이가 되기 위해 많은 노력을 한다. 내 자녀들이, 또 그 또래들이 현재 무엇에 관심이 있고 어떤 문화가 주류를 이루고 있으며 색깔과 모양이 어떤지 알기 위해 분주한 편이다. 학교교육에서 컴퓨터 작업을 통한 과제가 필수가 되자 부단히 컴퓨터를 배워 아이들에게 몰라서 도움을 주지 못하는 경우를 최소화시켰다. 아이들은 지금 엄마가 인터넷검색 노하우, 도표나 서식 만들기에서 본인들보다 한 수 위인 것을 인정한다. MP3나 휴대폰 등의 첨단기능에 대해서도 당연히 엄마에게 먼저 물어보고 배울 정도이다.

나는 인터넷에서 제품 기능, 성능 등에 대한 정보를 제공받고 부족한 경우 회사에 직접 물어본다. 어른이라서 저절로 아는 것이 아니라 엄마도 노력해서 알게 되는 것임을 아이들에게 말해 준다. 심지어 큰애는 이사를 한 친구를 위해 학교에서 이사한 곳까지 운행하는 광역버스, 지역버스, 마을버스, 지하철 노선 등을 내게 물어보고 친구에게 알려 줄 정도이다. 그러니까 아이들은 엄마가 만물박사는 아니지만 자기들이 물어보는 것 정도는 해결해 줄 수 있다는 신뢰를 갖고 있다.

이런 지식들을 아이들에게 알려 주기 위해 축적하는 것이 아니라 내가 최대한 활용하는 일도 게을리 하지 않는다. 음악을 듣거나 관심 갖는 것도 음악을 좋아하는 아이들을 위해 클래식, 가요, 가곡, 팝, 가스펠 등에서 마음에 드는 곡을 추천해 주기 위해서이다.

요즘 아이들이 공부할 때 많이 듣는 MP3에 대해서 나도 처음에는 못마땅하게 생각했지만 요즘 아이들의 공부문화라고 생각하고 공부에 방해가 되지 않는 범위에서 허용했다. 대신 공부할 때 듣는 음악은 모차르트나 슈베르트 등의 클래식을 듣기로 약속했다. 그 이후부터는 공부하면서 음악 듣는 일에 대해서는 갈등이 사라졌다. 공부 중에라도 아이들이 듣고 싶어하는 음악을 허락하기도 했는데, 이미 아이들이 판단력을 가질 나이가 되었기에 무조건 안 된다고 해서도 안 되고, 예외를 인정했다고 해서 원칙까지 무시해서도 안 된다고 생각했기 때문이다.

공부를 하거나 목표를 이루기 위해서는 내가 하고 싶은 것을 버리거나 포기하는 희생이 없이는 불가능함을 아이들에게 자주 이야기했다. 노력했을 때 좋은 결과가 있음을 보여주기 위해 결심한 것이 있었다. 친가, 외가 쪽 체질을 받아 나는 태어날 때부터 비만이었다. 대학합격 후 몸무게를 확인하니 156cm의 키에 무려 80Kg이나 되었다. 그때부터 다이어트를 해서 결혼하기 전까지는 적당한 체중을 유지하였다. 그러나 아이를 낳은 후부터는 살이 점점 찌기 시작해서 거의 70Kg이 되어버렸다. 사내 둘을 키우려면 체력이 든든해야지 하는 위안을 삼으며 살빼기를 미뤄오다 이참에 결심을 하고 아이들에게 알렸다.

운동하고 비만 클리닉에 다니면서 식이요법을 했다. 말이 식이요법이지 결국에는 음식량을 엄청 줄여 나가야만 했다. 먹고 싶은 것을 참는 게 가장 괴로웠지만 6개월에 52~53Kg을 만들었다. 아이들은 정말 놀라워했다. 보기 좋아진 엄마의 모습에 자기들도 뿌듯해했다. 희생과 노력이 있을 때 좋은 결과를 얻을 수 있다는 모델이 되었음이 기뻤다. 다이어트를 한 지 2년이 지났지만 아직도 그 체중을 유지하고 있다.

아이 혼자 있는 시간을 최소화하여야 함을 반드시 기억해야 한다. 나는 아이가 혼자 있는 시간은 정말 최소화하였다. 아니, 중학교에 들어가기 전까지는 거의 없었다. 내가 없을 때에는 가족 중 누구에게 맡기거나 집에 와 주기를 부탁했다. 아이의 등하굣길도 늘 함께 했는데 지금도 마찬가지이다. 지나친 과잉보호가 아니냐고 하겠지만 내 생각은 다르다. 아이의 안전이란 백번 강조해도 지나치지 않다고 생각한다. 같은 시간에 어김없이 함께 하는 엄마의 시간을 가짐으로 아이들도 성장하면서 생활과 시간의 절제, 정해진 약속에 실수하지 않음 등을 배운다고 생각한다. 그래야 내 자녀도 자기 아이들에게 비슷한 교육을 시켜줄 거라고 생각한다.

나는 지금도 아이들이 잠자기 전에 먼저 잠들지 않는다. 물론 남편과 순번을 정해서 한다. 아이를 감시하거나 관찰하기 위해서가 아니라 노력하고 애쓰는 아이들에게 엄마로서 해 줄 수 있는 것이 그 정도밖에 없기 때문이다. 위로자로, 격려자로, 보호자로 역할을 해 주기 위함이다.

어렸을 때부터 혼자 있기에 익숙한 아이 중에서 좋지 못한 모습과 결과를 보았기에 더욱 그러하다. 성인인 공자도 혼자 있기를 삼가라고 하지 않았던가. 어른들도 혼자 있을 때 헛된 생각과 행동을 보이기 쉬운데 하물며 아이들이야 말할 것도 없을 것이다.

어젯밤 꿈에 누구 봤어?

아이들이 사춘기나 청소년기를 보낼 때 자녀와 부모 사이에 많은 갈등과 고민이 염려된다. 이 고비를 잘 넘기지 못하면 부정적인 관계로 고착되는 경우도 보았다. 어른들도 비슷한 시기를 거쳤기에 그 누구보다도 이해해 주고 위로해 주고 기다려 주어야 할 책임이 있다. 그 아이들도 먼 훗날 이해하고 후회하고 기다려줄 때가 반드시 오기 때문이다. 그럼에도 우리 부모들은 그 역할과 책임을 잘못하고 있는 것 같다.

여기서 중요한 것은 자녀와 부모사이에 오랜 교감이 있어야 한다는 점인데, 이것 역시 어른인 부모가 애쓰고 노력해야 한다. 나는 어려서부터 아이들과의 대화에 많은 노력을 기울였다. 아이들이 유치원이나 학교, 또는 체험활동이나 영화나 공연 관람 후 돌아오면 있었던 일, 느꼈던 점, 속상했던 일, 잘못했던 일 등을 물어보았다. 아이들은 나의 질문과 관심에 더 많은 이야기를 해 주기 위해 오자마자 이야기보따리를 풀어놓는 것을 아주 당연시하고 좋아했다.

물론 나도 아이들에게 외출해서 있었던 일, 쇼핑하면서 느꼈던 일, 내가 잘못했던 일, 심지어 드라마를 보고 느끼거나 속상했던 일까지도 이야기해 주었다. 남자아이들은 보통 이야기를 잘 하지 않는다고 하지만 우리 아이들은 학교에서 돌아오면 현관문을 열기가 무섭게, 신발도 벗기 전에 학교에서 있었던 일들을 별 것 아니더라도 재잘댄다. 선생님에게서 받은 좋은 것, 싫었던 것, 친구들 사이에서 있었던 사건들, 학원에서 기막힌 욕을 하는 친구들에 대한 놀라움 등이다.

여기서 주의할 것은 아이들이 친구나 특히 선생님에 관해 싫고 속상한 이야기를 털어 놓을 때 엄마가 덩달아 친구나 선생님을 이해하지 못하는 쪽으로 동의해 주는 일을 삼가라는 것이다. 그 친구와 선생님의 입장이 되어 그럴 수밖에 없을 수도 있다고 생각을 유도했다. 이것은 아이교육에서 아주 중요한 영향을 미친다. 상대방의 입장이 됨으로써 이해심, 양보심, 배려 등을 배울 수 있고 긍정적인 사고를 가질 수 있기 때문이다.

큰아이가 고3 수험생이고 작은아이도 외고 입시 준비로 바쁜 때에도 우리는 직업에 관해, 세상의 사건에 대해, 아이의 고민에 대해, 이성문제에 관해, 성문제에 관해, 엄마의 나이 먹음에 대해, 아빠의 착함에 대해, 요리에 대해 새벽 3시까지 이야기할 때도 있다.

우리는 거의 매일 대화시간을 갖는다. 학교나 학원 등을 오갈 때 반드시 동행해 주는 이유이기도 하다. 아이들이 잠이 부족하고 바쁘고 해야 할 일이 많기에 동행하는 이동시간을 이용해 대화를 나누는 것이다.

아이들 성교육을 내가 다 해 주었다. 몽정, 자위행위 등 2차 성징이 나타나는 시기에 있을 수 있는 남자아이들의 현상을 비롯해 성교의 구체적인 방법까지도 이야기해 주었다. 절대로 편하지 않았고 민망하였다. 내성적인 남편이 자신이 없다고 하여 내가 이야기를 나누면서 자연스럽게 끌어내어 큰아이는 초등학교 5학년 때, 작은아이는 중학교 입학할 때 알려주었으며 그 이후에는 둘이 함께 있을 때에 이런저런 성에 관한 이야기를 해 주고 있다.

학교 등에서 성교육을 해 주고는 있지만 엄마나 혹은 부모가 관심을 갖고 해 주는 설득력 있는 성교육과는 당연히 차이가 있을 수밖에 없다. 참기 어려운 성욕을 간접적으로 해소하는 방법까지 알려주었다. 그리고 감당하기 어려운 일을 만들거나 후회되는 일을 했을 때 제일 먼저 엄마, 아빠에게 말해 줄 것도 당부했다. 우리 아이들은 이곳저곳에서 잘못된 성적인 내용을 쉽게 접할 수 있기에 그런 이야기들을 접했을 때 그것으로 관심을 더 이상 발전시키지 않기를 부탁했다. 아이들은 그러겠다고 약속했으며 나는 그 약속을 확실하게 믿는다.

우리 애들은 몽정했을 때도 "엄마! 나 몽정했어요. 팬티 새 것으로 갈아입을게요."라고 한다. 그러면 나는 "어젯밤 꿈에서 누구 봤냐?"고 짓궂게 물어본다. "김태희? 한가인? 안젤리나 졸리?" 하면서 말이다. 그러면 아이는 대답한다. "늙은 할머니 보았어요."라고. 결론적으로 대화가 항상 있었기에 이런 이야기도 가능하지 않았을까.

우리 아이들은 지금도 가장 힘들고, 속상하고, 화나고, 위로가 필요할 때, 그리고 가장 기쁠 때, 자랑하고 싶을 때 엄마를 제일 먼저 찾는다. 학교에서 메시지가 온다. "엄마 오늘 무척 맛있는 급식 나왔어요."

"엄마, 오늘 이상하게 공부하기 싫어요." "엄마, 친구가 축구하다 다리가 찢어져서 방금 병원에 갔어요."

그럴 때마다 나는 꼭 회신 메시지를 보낸다. 블랙데이, 화이트데이 등 아이들이 자기들끼리 지키는 행사 날에 특별 이모티콘 메시지를 보내는 것도 잊지 않는다. 또 아이들에게 예쁜 노래와 글이 담긴 이메일 카드를 이메일로 가끔 보내기도 한다. 남편에게도 물론이다.

아이들도 당연히 엄마, 아빠에게 행사 날에 인사하는 것을 잊지 않는다. 지금도 학교에서 돌아와 잠잘 때, 수학여행이나 수련회에 갔다 돌아와서는 엄마, 아빠에게 뽀뽀를 쪽쪽 해 주고 수시로 사랑한다는 말과 포옹을 해 준다.

사내아이 둘 키우려면 공갈, 협박, 구타는 필수?

또 한 가지 꼭 이야기하고 싶은 것은 아이에게 실수하거나 잘못했을 경우 아이들 앞에서 인정하고 먼저 사과하며 용서를 구하고, 상처받은 것을 위로해 주어야 한다는 것이다. 내가 항상 하는 말이 있는데, 사내아이 둘을 키우려면 공갈, 협박, 구타 이 삼박자가 잘 조화되어야 한다는 우스개 말이다.

아이의 잘못을 지적하고 혼내는 것은 필요하다. 때로는 매도 있어야 한다. 잘못했을 때는 매를 댔는데 기억할 정도로 아픈 매를 들었다. 처음부터 매를 댄 것은 아니다. 지적하고, 달래고, 알려주었음에도 불구하고 멈추지 않았을 때 최후의 수단으로 사용했다. 그러나 이성적으로만 때린 것은 아니었다. 사람이기에 감정에 과한 매를 대거나 상처받는 말도 하게 됐다. 아이가 잘못한 것도 없는데 내 감정대로 화풀이한 경우도 있다. 그럴 수 있다. 그러나 문제는 그 뒤에 오는 여파에 대한 해결과 처리이다.

단지 엄마 또는 부모라는 이유로 아이에게 잘못을 인정하거나 사과를 못할 이유는 전혀 없다. 나는 내가 과하고 잘못했을 때 반드시 아이들에게 사과하고 잘못했다며 용서해 줄 것을 주저하지 않고 구한다. 그랬을 때 아이들의 상처가 회복되고 마음이 풀어지며 너그러운 아이가 되는 것을 경험했다. 아이들도 본인들의 잘못을 사과하며 용서를 구하고 안 그러겠다고 다짐하는 모습과 행동을 자연스럽게 보여주었다.

시작하는 글에서 이야기 했지만, 아이들의 이성과 자기 의지가 형성되는 만 2.5~만 5세 시기를 잘 교육하면 성장한 후 아이도, 엄마도 서로 편해진다. 이 중요한 시기를 놓쳐 버리고 나중에 일이 생겼을 때 잘못된 것을 고치기를 강요하고 갑자기 대화하기를 시도하며 엄마를 인정해 주기를 원하면 참으로 많은 어려움이 따르게 된다. 나는 이 시기에 습관들이기와 교육에 집중하면서 인성과 성격형성을 위한 교육도 함께 했다.

우리 아이들은 "결혼해서 아내가 엄마와 같이 자녀들을 교육했으면 좋겠다."고 한다. 나이를 먹어도 엄마처럼 나이 먹는 어른이 되고 싶다고 말한다. 참으로 감사하고 행복하다. 그렇지만 아내로서는 너무 무서울 것 같다는 말을 해서 한참 웃었다.

내 작은아이에 대한 이야기이다. 큰아이와 크게 다르지 않은 교육과 방법을 접했기에 결과 또한 큰아이와 크게 다르거나 차이가 나지 않을 것으로 생각했다. 객관적인 평가가 시작되는 중학교 1학년 1학기 중간고사를 치르게 되었다. 그런데 틀린 개수가 거짓말 조금 보태서 첫날에는 큰애 중학교 1년 동안 틀린 만큼, 둘째 날은 큰애 2년 동안 틀린 만큼, 마지막 날에는 큰 애 3년 동안 틀린 만큼이었다. 내일은 낫겠지, 또 다음날에는 낫겠지 했지만 가면 갈수록 상상하기 싫을 정도의 결과였다. 정말 황당했고 믿을 수 없었다.

혼내고 채근해서 될 일이 아님을 알면서도 그냥 넘어갈 수가 없었다. 처음 보는 시험이라 적응이 안 되고 방법을 잘 몰라서이겠지 했지만, 기말고사의 결과도 크게 좋아지지 않았다. 마음이 급해지기 시작했다. 무엇이 잘못되었는지 점검했지만 결정적인 이유나 요소도 없었다. 아이가 어디가 부족한가 싶었다. 큰아이를 크게 자랑하며 다닌 적도, 그렇게 여기지도 않았다고 생각했는데 아니었나 보다. 화가 나고 속상해 아이에게 내 속마음을 그대로 드러내었다.

나는 작은아이를 교육하면서 큰애와 비교하거나 더 칭찬하지는 않았다. 기대에 못 미치는 결과를 얻었을 때도 마찬가지였다. 그럼에도 작은아이에 대한 아쉬움과 속상함이 쉽게 가라앉지 않았다. 그렇게 작은아이가 중학교 2학년 1학기를 마쳐 가고 있을 즈음에 학부모를 대상으로 한 세미나에 참석했다가 반성하고 후회하게 되었다. 부모는 아이가 행복할 수 있도록 해 주어야 할 책임이 있다는 강사의 말이 내 가슴에 깊게 박혔다.

'나의 이 조급하고 속상한 마음을 전해 받은 작은아이가 과연 학교공부를 하거나 과외활동 등을 할 때에 행복해할까?'

자문해 보니 절대 그렇지 않을 것이라 생각되었다. 나는 다짐을 하고 돌아와 곧장 아이에게 용서를 구하고 앞으로 다른 모습의 엄마가 될 것임을 말했다. 아이는 정말 고마워했고 안심하는 것 같았다. 한번 마음을 그렇게 먹게 되니 그 후로도 계속 기대치만큼 성적이 나오지 않아도, 편안한 마음은 아니었지만 분을 내고 속상해하지는 않았다.

지금 작은아이도 외고 입시를 준비를 하고 있다. 그것은 우리 아이들이 외국어영역에 관심이 있고 문과적 성향이 확실했기 때문이었지, 형이 외고를 다녀서가 아니었다. 작은아이는 중학교 3학년에 올라 와서야 외고 진학 준비를 시작했는데, 본인이 외고 진학이라는 목표를 갖기까지 기다렸기 때문이다. 목표하는 외고는 작은아이의 실력과 그릇에 맞는다고 생각되는 학교에 눈높이를 맞추었다. 큰아이가 다니는 대원외고는 우수한 학생들이 많이 다닌다.

작은아이가 처음 외고 진학을 결정했을 때 좀 밀어 붙여 상위 학교 진학을 목표로 잡을까도 잠깐 생각했지만, 똑같은 실수와 상처를 아이에게 줄지도 모른다는 것을 깨닫고 정신을 차렸다. 지금 작은아이는 나름대로 최선을 다해 열심히 노력하고 있다. 이것은 내가 자녀에 대한 욕심과 허영과 사치를 버렸기 때문에 얻을 수 있었던 작은아이의 작은 행복이었을 거라 확신한다.

아이들이 이미 커 버린 상태에서는 부모는 물론 누구에 의해, 누구 때문에 행동하고 결정하는 것을 기대하기는 어렵다. 말하자면 이미 커 버린 아이에게 뭇하게 하고, 새로운 것을 가르쳐 주려함은 무모하다는 것이다. 본인들의 의사와 결정을 더 우선하는 게 가장 옳다고 확신한다. 그러기에 아이들이 어렸을 때부터 본이 되고 모델이 되는 부모가 되어야 하며, 습관과 교육 등에 관한 훈련을 잘 시켜야 한다고 강조하고 싶다. 부모 때문에, 부모의 실수나 무지, 게으름이나 욕심 때문에 내 아이의 인생과 운명에 잘못된 영향을 주는 것은 정말 슬픈 일일 것 같다.

자기만의 색깔로 꿈을 그리게 하라

사람들이 목표와 계획을 세우고 성공을 이루기까지는 많은 요소가 필요하겠지만 '꿈, 끼, 꾀, 깡, 끈, 꼴'이 있어야 한다는 이야기가 있다. 꿈은 말 그대로 자기만의 색깔을 가지고 이루고자 하는 목표를 세우는 것이고, '끼'는 탁월하게 가지고 있는 자기만의 우수한 능력을 의미하며, '꾀'란 넓은 의미의 학문의 지식과 그 지식을 바탕으로 한 새로운 지식의 창출을 뜻한다. '깡'이라 함은 끊임없는 도전과 용기의 의식을 말하고, '끈'은 훌륭하고 좋은 사람들을 잘 만나야 한다는 표현이며, '꼴'이란 자기 자신의 내면과 외면의 아름다움 가꾸기를 의미한다.

진로와 꿈은 아이들이 알아서 정하는 것이 아니다

나는 이 중에서 가장 중요한 것을 말하라고 하면 서슴없이 꿈이라고 하고 싶다. 우리는 누구나 현재보다 더 나은 장래에 대한 기대와 바람을 갖고 있으며 자녀의 경우는 더욱 그러할 것이다. 그리고 그 기대와 바람은 모두 똑같지 않을 것이고, 또 똑같을 수도 없다. 어느 면에서든지 색깔의 구별이 있을 것이다. 그런데 요즘은 그렇지 않은 것 같다. 그래서 결국에는 별로 구분이 되지 않는 색깔을 가진 꿈을 갖게 되는 것 같다.

나는 우리 아이들이 자신만이 표현할 수 있는 색깔 있는 꿈을 갖기를 바란다. 보이기 위해, 또는 비교되기 위한 것이 아닌 나 자신만을 표현하는 꿈을 갖기를 원한다. 혹시 내가 가진 색깔이 다른 이의 것보다 엷다고 하더라도, 또는 가려진다 하더라도 포기하거나 섞지 말고 내 색깔이 표현되도록 용기와 확신을 가지고 꿈을 만들어 가기를 소망한다.

그런데 자녀가 이런 꿈을 갖기까지는 역시 부모의 역할과 교육이 중요하다. 아이들은 자기가 빨간색에만 관계하면 이 세상 모든 것이 빨간색으로 되어 있는 줄 안다. 아이들이 보고 느끼고 접해보지 않은 것에 낯선 것은 당연한 것이다. 그래서 나는 다양한 체험학습이나 활동 등을 중요시했던 것이고, 아이들과의 대화를 끊임없이 하고자 했던 것이다. 부모가 자녀를 가장 잘 알기 때문에 아이가 자기의 소질과 적성, 특기 등을 발견할 수 있도록 부모는 계속적인 안내자 역할을 해 주어야 한다.

지금 큰아이는 법조인이 되기를 목표하고 있다. 법과대학에 진학하여 사시에 합격하고 법무관으로 군복무를 한 후, 유력한 로펌에 들어가 기업업무를 담당하길 원한다. 더 구체적으로 국내기업 간이 아니라 국가와 국가 간 거래에 대한 기업변호를 맡기를 원한다. 특히 우리나라는 조선기술이 뛰어남에도 불구하고 대외적인 기업거래에서 상당한 불이익을 보고 있다며 조선사업 분야를 원한다. 기업변호를 성공적으로 하면 수익이 적지 않고 이것들을 모아 약자와 가난한 자 등을 위해 무료변

론을 맡는 변호인협회를 만드는 것을 인생목표로 삼고 있다.

작은아이는 대학에서 교사가 되는 것이 꿈이다. 조금은 염려도 되지만 그것도 지방이나 산골 오지 학교 선생님이 되고 싶어한다. 작은아이는 남자아이지만 따뜻하고 섬세한 성품을 가지고 있다. 남 돕기를 좋아하고 아이들을 좋아하며 전원생활에 대한 동경이 많다.

두 아이의 진로와 꿈은 아이들 스스로 알아서 정한 것은 절대로 아니다. 아이들의 기질과 성격, 특기, 관심, 소질 등을 많이 아는 엄마인 내가 아이들에게 다양한 정보와 생각거리를 제공해 주었다. 대화와 체험과 책 등을 통해서이다. 아이들과 서로 느낀 점이나 의견 등을 이야기하면서 아이들이 목표를 세우고 결정한 것이다.

큰아이는 법조인이 되겠다는 꿈을 초등학교 5학년 때 갖게 되었고 중, 고등학교를 거치며 구체화시켰다. 중학교 3학년 때 잠시 더 나은 게 있을까 한동안 고민하던 때가 있었다. 그때 강요하지 않고 기다려 주었는데, 겨울방학 교회수련회를 다녀 온 후 확실한 의지를 가졌다. 작은아이는 중학교 2학년에서 3학년 올라오면서 교사가 되고자 하는 꿈과 목표를 세웠다.

준비되지 않은 사람은 리더로 선택받을 수 없다

마지막으로 리더십에 관한 이야기를 하고 싶다. 나는 아이들에게 자기가 속한 조직에서 유익한 영향력을 끼치는 사람이 되어 달라고 당부해 왔다. 그렇게 되기 위해서는 '난사람' '된사람' '든사람'이 되도록 노력해야 한다고 말했다. 영향력을 끼치려면 솔선수범하는 사람이 되어야 한다고 했다.

그런 면에서 아이들에게 리더십을 길러 주어야겠다고 생각했다. 리더십은 훈련받고 노력하면 충분히 후천적으로 만들 수 있다. 기질적인 성향이 곁들여지면 더 좋다. 하지만 리더로서 갖춰야 할 능력, 자질, 특기, 준비 등이 되어 있지 않았을 때는 리더로 선택받을 수 없다.

아이들이 임원이 되도록 해줄 것을 적극 권한다. 자리가 사람을 만든다는 말이 있는데 아이가 임원을 했을 때와 하지 않았을 때의 변화는 정말 눈에 띌 정도이다. 그런데 임원이라는 것은 내가 하고 싶다고 되는 것이 아니다. 큰아이는 기질상 리더십을 쉽게 가질 수 있었고 리더의 역할도 잘 해냈다. 그러기에 '바른생활 아저씨'라는 별명이 있음에도 불구하고 비웃음을 당하거나 외면당하지 않고 제대로 영향력을 끼칠 수 있었다.

큰아이의 너그러움과 여유, 그리고 바른생활에 대한 자세는 특별하다. 누구도 따라가기가 어려울 정도로 유머러스하다. 큰애가 눈을 떠서 감을 때까지 웃기는 것을 막을 수 없다. 그러기에 주변 어른이나 아이나 선생님이나 친구들이 늘 가까이 하고 싶어한다.

작은아이는 기질적으로는 리더의 소질이 적은 것 같다. 그랬기에 임원이 되는 것을 피해 왔다. 그러나 리더십에 대한 동기부여를 한 결과 중학교에 입학하면서 스스로 임원선거에 출마했고 월등한 지지로 임원에 당선되었다. 아이는 내심 놀라기도 했고 확실히 뿌듯해했다.

임원이 된 후 작은아이에게 작은 변화들이 확실하게 있었다. 누구보다 학교 일에 열심이었고, 친구들에게 실수하는 모습을 보이지 않으려고 애를 썼다. 친구들의 어려운 상황을 도우려고 관심을 가졌다. 자신이 양보하고 희생하는 것을 보며 참으로 내 마음이 좋았다. 리더의 자질을 하나씩 갖추어가고 있었다.

교내외 다양한 영역의 콘테스트 참가를 권유한 것은 이 활동이 리더십을 기르고 나아가 자신의 그릇을 좀 더 크게 만들어 가는 발판이 된다는 생각에서였다. 또 객관적인 평가로 실력을 점검할 필요도 있었다. 아이는 영어실력이 우수해 교내 영어콘테스트는 물론 학교 대표로 교외 대회에 나가서도 우수한 성적을 거뒀다. 글짓기, 운동경기, 웅변, 합창대회 등 다양한 활동을 했고 결과도 좋았다.

여기서 말하고 싶은 것은 내 아이가 여러 면에서 실력과 탁월한 소질을 갖춰서 좋은 결과를 얻었다기보다는 부단한 노력의 결과였다는 점이다. 그것은 아이 혼자만의 노력으로는 절대 어렵다. 아이는 아직 아이이기 때문이다. 여기서 엄마의 역할이 아주 중요하다고 본다. 우선 아이의 참가여부 의사를 존중했고, 그 다음은 아이가 원하지 않아도 아이에게 좋은 열매가 될 유익한 내용이라면 잘 납득시켜 참석하게 했다. 이때 엄마 욕심이 지나치면 예상 밖의 상황이 발생할 수도 있음을 알아야 한다.

아이가 어려 미처 보지 못하는 점을 어른인 엄마가 먼저 챙겨 알려 준 것들은 유익한 결과를 가져왔다. 대회 내용을 엄마가 먼저 이해하고 방향을 잡아주었으며 연습과 훈련을 아이와 둘이서 씨름하며 함께 해 나갔다.

잊지 못할 에피소드 한 토막을 소개한다. 교육청이 주관하는 통일에 대한 글짓기 웅변대회였다. 아이가 통일에 대한 관심이 적어 글짓기에 어려움이 있었다. 나는 내가 그 아이 시절에 교육받고 느꼈던 것을 말해 주었다. 부족한 부분은 내가 도움을 주어 원고는 완성이 되었고 1차 통과가 되었다. 문제는 웅변이었다. 웅변학원을 다닌 적이 없었고 그렇다고 이 대회를 위해 학원에 다닐 수도 없었다. 고민 끝에 내가 학창시절 보아왔던 웅변 태도와 동작을 떠올리며 연습에 들어갔다. 원고를 철저히 암기하게 한 뒤 목소리 톤과 손짓, 발짓, 숨 끊기, 시선 처리 등 기억나는 대로 준비시켰다.

아이는 쑥스러워하기도 하고 어색해하기도 했지만, 나는 "남자라면 이 정도는 거뜬히 해치울 정도는 되어야 한다."고 으름장을 놓았다. 입장, 퇴장, 인사, 걸어가는 자세, 서 있는 자세 등을 스톱워치를 가지고 관객이 듣고 보기에 편안하다고 느끼는 시간과 차이를 재어 가며 실전처럼 준비시켰다. 대회 전날 밤에는 좀 늦은 시간까지 준비를 시키는 바람에 경비실로부터 "시끄럽다고 신고 들어왔다."는 인터폰까지 받았다. 우리 아이는 실수 없이 잘했고 장려상을 수상했다. 나중에 보니 수상자 중 집에서 이렇게 준비한 사람은 우리 아이 혼자였고 나머지는 모두 전문기관의 도움을 빌렸다. 우리는 그날 "어느 웅변학원을 다녔어요?"라는 질문을 받기도 했다.

전문기관의 도움을 전혀 빌리지 않은 이유는 그렇게 되면 수상이 아이에게 중요한 의미가 되지 못할 것이라 생각했다. 쉽게 목표를 이룰 수 있다는 성급한 판단과 자신에 대한 지나친 신뢰를 조장하는 부작용이 가능하다는 생각이었다. 결론적으로 무엇을 하던 간에 대충, 적당히, 할 수 있는 만큼이 아니라 최선을 다했고 그랬기에 좋은 결과가 있었다. 각종 대회의 참가 경험과 수상 실적은 외국어고 진학에 좋은 밑거름이 되었다.

첫째와는 달리 둘째는 자신감을 기르기 위해 권하는 콘테스트 참여를 너무 부담스러워 했기 때문에 강요하지 않았다. 대신 작은아이는 다른 누구보다 하기 싫어하는 일, 힘든 일, 더러운 일 등을 솔선함으로 인성적인 면에서 주위 사람들에게 리더로서 인정을 받았다.

아이들마다 조금씩 다른 모습의 과정과 색깔은 분명 있는 것 같다. 이런 리더십은 앞으로 삶을 살아가면서 유익하리라 확신한다. 리더십이 있음으로 아이들이 자기들의 꿈과 목표를 이루고자 애씀이 탄탄한 디딤돌 역할을 해 줄 것이다. 지구촌 시대에 사는 우리 자녀들에게 글로벌리더로서의 자질과 능력을 계발하고 훈련해야 할 필요는 더더욱 있는 것이다.

노력한 만큼 결과는 반드시 있다

이제부터는 우리 아이가 외고에 진학하는 데 구체적으로 어떤 학습방법과 관리 등이 필요했고 도움이 되었는지 이야기하고자 한다.

한국에 귀국하여 큰아이가 초등학교 4학년을 맞이하게 되었다. 해외에서 한국학교에 다니면서 학년에 맞춰 국어, 수학, 과학을 공부했으나 부족한 것이 엄청 많았다. 그때에는 초등학교에서 시험도 보았는데 다른 과목은 별 문제가 없었으나 사회 과목이 38점이 나와 놀림을 받았다. 우리 아이가 영어를 잘했지만 영국식 발음이었던 것이 오히려 아이들에게는 놀림감이 되기도 했다.

다행이 아이가 긍정적이고 낙천적이며, 적응력이 부족하지 않았기에 해외에서 해 왔던 생활습관에서 혼란스러워 하지 않고 천천히 적응해 갈 수 있도록 최대한 애썼다. 주말이면 자연과 함께 하는 시간을 가졌고, 등하교도 항상 함께 하였다.

또 한 가지, 책읽기 훈련이 안 되어 있어 모든 영역의 어휘나 독해능력이 친구들에 비해 크게 부족했다. 과목마다 이해하기까지 시간이 많이 걸렸고, 그에 따른 학습시간도 더 많이 필요했다. 이런 부분은 단시간에 해결되는 것은 아니었다. 우선 책읽기에 많은 노력을 기울였고 교과학습에서는 지속적인 복습, 예습을 시켰다. 모르면 알 때까지 반복적으로 학습하는 수밖에 없었고 결국에는 그 방법이 최강의 효과와 능력을 발휘하게 하였다.

초등학교 때는 스스로 하는 예습, 복습이 중요

처음 얼마 동안 아이는 해외에 있을 때보다 어렵고 힘들게 하루 분량의 학습을 해 나갔다. 안되기도 했지만 틈을 주지는 않았다. 해야 할 것을 완성하지 못했을 때에는 그 어떤 것도 허락해 주지 않았다. 여름방학을 맞이할 때쯤 아이는 완전히 적응이 되었고 사회 과목도 많이 향상되었다.

영어는 처음 귀국 학생들을 위한 영어학원에 다니다가 문법이나 다루는 소재, 쓰기 내용 등이 부족한 것을 발견하고 6학년 가을학기가 거의 끝나갈 무렵, 중학교 어학원으로 유명한 O학원으로 옮겼고 외고 진학 때까지 계속 수강하였다. 영어학원은 학원에 심각한 결점이 있거나 아이가 너무 적응하지 못하는 이유가 있지 않는 한, 자주 옮기는 것은 큰 실수다. 신중하게 선택하고 최소한 1년 이상 장기간 수강하여야 어떤 한 부분에서라도 실력향상을 가져올 수 있다.

수학은 5학년 2학기부터 전문학원에서 지도를 받게 했다. 크게 부족한 사회 과목은 책을 읽혔지만 책 읽는 습관이 안 되어 있고 속도가 느려 크게 덕을 보지 못했다. 결국 수업시간 집중과 매일 철저한 예습과 복습만으로 관리해 주었다.

6학년 여름방학이 되니 다른 집 아이들은 중학교 과정의 선행학습을 했지만 우리는 영어와 수학 과목만 집중하고 체험학습을 다니고 있었다. 겨울방학 때에는 국어 과목 선행학습을 시켰다. 나는 우리 아이가 공부를 잘할 것이라고 생각한 적이 정말 없었다. 처지지 않는 것만이라도 다행이라고 생각했었다.

중학교 배정 후 반편성고사가 있었다. 다른 아이들은 정보를 알고 문제집을 풀기도 하고 학원에서 미리 준비하기도 했었는데 나는 몰랐다. 준비 없이 치른 시험에서 우리 아이는 예상외로 전교 550명 중에 8등을 했다.

지금 생각하면 초등학교 학습은 앞서 나가는 선행이나 심화학습보다 역시 철저한 수업 집중과 수업 내용에 대한 복습을 중심으로 한 스스로의 예습이 가장 중요한 것이 아닌가 싶다. 좀 더 한다면 영어, 수학의 선행과 심화학습을 전문기관이나 전문선생님을 통하여 병행하면 더욱 튼튼한 구조가 될 것이다. 사회나 과학 과목은 학년 진도에 맞추어 학습하는 정도가 좋다고 생각한다. 물론 과학고를 준비한다면 다를 것이다. 이런 학습방법을 해 왔던 우리 아이의 결과가 뒷받침해 주는 근거가 아닐까.

중학교 1학년 1학기 거의 끝나갈 즈음이었다. 늦은 시간 민족사관고를 소개하는 다큐멘터리를 TV에서 보게 되었다. 학생들의 공부모습, 기숙사생활, 학교 설립목적과 교육관, 졸업 후 학생들의 대학 진학과 진로결정, 교사 등에 대한 것이었다.

방송을 보기 전까지만 해도 아이는 물론이고 부모인 나와 남편도 특목고에 대해 무지한 상태였다. 이제까지 접하지 못했던 세계에 대한 흥미와 관심이 생기자 아이를 불러 함께 방송을 끝까지 보았고, 아이 역시 부러움과 함께 멤버가 되면 좋겠다는 생각을 갖게 되었다. 아이가 초등학교 4학년 때 한국으로 돌아온 후 우리는 자녀교육에 관한 구체적이고 객관적이고 유용한 정보에 대해 열린 마음이지도, 적극적이지도 못했다. 단지 이제까지 아이들에게 접목했던 공부습관이나 자기관리 정도에 철저했다.

아이는 그때 법조인을 목표로 진로를 잡고 있었다. 우리는 법조인이 되기 위해서는 양질의 교육을 받아야 한다는 인식을 갖고 있었던 터에 시각장애인의 어려움을 극복하고 미국 부시 대통령 보좌관이 된 강영우 박사 특강을 들은 것을 계기로 미국 고등학교인 필립스아카데미로 유학을 보낼 생각을 갖게 되었다. 그때만 해도 어차피 법학 공부를 위해 대학은 미국으로 가고 그러려면 고등학교를 미국에서 다니는 것이 유익하다고 생각했다.

아이와 이런 대화를 나누며 의사를 물었더니 아이는 "청소년기에 가족과 떨어지는 것이 편하지 않다."며 확실한 결심을 못 했다. 그 와중에 민사고를 만난 것이었다. 국내에서 해외유학과 버금가는 교육을 받을 수 있고, 아이의 진로 계획에 디딤돌이 될 만한 프로그램이 있고, 또래 친구들보다 월등한 아이의 영어실력을 유용하게 사용할 수 있는 고등학교라고 생각했다.

중1 여름부터 수학, 영어에 집중

그 날 이후 나는 아이와 특목고 진학에 관한 이야기를 많이 나누었다. 엄마가 생각과 의견을 주로 내놓았고 아이는 여기에 공감하고 원하는지를 말했던 것 같다. 아이는 민사고 진학이 더 좋은 법률교육을 받을 수 있는 상위 교육기관 진학의 바탕이 될 수 있다고 생각하는 것 같았다. 모든 수업의 영어 진행, 하버드 법대에 재학 중인 졸업생 인터뷰, 영국 이튼스쿨을 모델로 염두에 두고 설립한 교육이념과 가치관 등이 더 가슴에 와 닿았던 모양이다.

잠정적으로 아이와 함께 민사고 진학을 목표로 잡았다. 그 후 나는 민사고에 대한 정보를 알아보기 시작했다. 내신 성적과 영어실력이 우수하고 토플은 일정 점수 이상이어야 하며 총학생회장이 되는 것도 지원 자격의 하나임을 알았다. 수학은 상당한 선행학습과 심화학습이 필요하다는 사실도 알게 되었다. 이때가 중학교 1학년 1학기가 거의 끝나갈 즈음이었다. 여름방학을 맞으면서 우선 수학 준비에 집중했다. 1학기 내신 성적은 전교 상위 2%이었고 영어 과목은 지금까지 해 왔던 학습방법과 내용을 고수하면 될 것 같았다.

2학기가 되면서 내신관리를 더 꼼꼼하게 하였고, 수학과 영어 심화학습 준비도 잘 진행되었다. 1학년 겨울방학을 맞으면서 특목고 진학에 대한 더 구체적인 프로그램이 필요했다.

분명한 것은 학교에서 배우는 수학과 영어 정도로는 부족했다. 평준화 교육을 하고 있는 학교에서 특목고 준비생들을 위해 해줄 게 없었다. 특별하게 개인적으로 다양한 정보를 수집하여 특목고에 대비하는 부모와 자녀라면 다르겠지만, 대부분은 그렇지 못해 특목고 입시 전문학원의 참여가 반드시 필요했다.

특목고 입시학원들이 이곳저곳에 많이 있었고 프로그램 역시 다양해 어떤 프로그램과 학원을 선택해야 할지 고민되었다. 남의 떡이 커 보인다고 했던가? 당시 다니고 있던 학원도 전문학원이었음에도 다른 학원 프로그램이 더 낫지 않을까 하는 욕심에 여기저기 기웃거려 보았다. 월등히 나은 학원을 발견하지 못했기에 그냥 다니던 학원의 집중프로그램에 참여하기로 하였다.

이미 초등학교 졸업 무렵 아이의 영어실력은 상당한 수준이어서 자연스럽게 최상위반에 편성이 되었다. 상위반에서는 중학교 내신 영어 과목과는 관계없이 주로 토플중심의 영어수업을 하였다. 토플용 듣기, 쓰기, 문법, 읽기 학습을 하였다. 우리 아이는 문법이 부족한 것 같아 겨울방학 중 문법만 전문 선생님을 소개 받아 4명이 함께 배웠다. 1학년을 마치면서는 특목고 진학 의사와 관계없이 영어실력 순으로 특목고 진학반에 편성되어 심화학습을 받았다.

수학은 중학교 1학년 때까지는 잘 몰랐는데 특목고 집중 프로그램에 참여하면서 아이가 속한 그룹에서 좀 떨어짐을 알게 되었다. 수학적 감각이 약했던 것이다. 아이는 여러 면에서 문과성향이 너무도 확실하였다. 심화학습에서 수학, 과학은 많은 노력을 요했는데, 이해력이 느려 예습과 복습이 필요했다. 수학에 관한 염려가 없었던 것은 아니지만 잘하는 학생들의 뒤를 따라가기 위해 애쓰고, 학원 프로그램에 나름대로 최선을 다해 집중했다.

특목고 진학을 목표로 한다면 더 빠를 필요는 없지만 중학교 1학년 중에 전문학원을 선택하여 훈련을 받는 게 좋다고 본다. 왜냐하면 시행착오로 돌아가거나 제자리걸음하는 시간이 생길 수 있는데, 너무 늦게 시작하면 이 상황에 대처할 시간이 없기 때문이다.

리더십에 대한 관심이 있어서였는지 1학년 때 반장을 하던 아이는 2학년에 올라가 총학생회 부회장으로 당선되면서 반장을 겸임하게 되었다. 특목고를 겨냥한 게 아니라 아이의 의사에 따른 결과였다. 그러나 결과적으로는 특목고 지원의 한 자격을 얻은 셈이 되었다.

특목고 진학을 목표로 하면서 아이는 스스로 학교 성적관리를 철저하게 했다. 성적은 1학년 때보다 나아져 상위 안정권에서 벗어나지 않았다. 내신 성적의 경우 우리 아이는 수업시간에 철저한 집중과 노트정리를 통해서 참고서 위주가 아닌 교과서와 학교 프린트물, 그리고 노트정리 위주로 준비했다. 사실 외고 진학을 준비하면 영어, 수학학습에 상당한 시간을 보낼 수밖에 없어 다른 교과 과목에 대한 균형 있는 준비가 참으로 어렵다.

나는 시간을 좀 줄여주기 위해 사회와 과학 과목은 단과학원을 다니게 하였다. "특별한 준비 없이 학교에서 수업 듣기 전, 학원에서 미리 예습한다고 생각하며 수강하라."고 했다. 집에서 혼자 해야 되는 부분이었지만, 시간이 부족했기 때문이다. 아무래도 한번 공부한 부분을 학교에서 또 듣게 되면 쉽게 이해되고 정리도 수월하다고 생각했기 때문인데, 그것은 아이에게 아주 적절하게 필요했던 학습방법이 되었다.

단과학원에서 사회, 과학을 듣고 학교에서 다시 한 번 수업시간에 듣고, 시험 때가 되면 학원에서 또 반복하고 기출문제, 예상문제를 풀다보면 시험 때 특별하게 따로 준비하지 않아도 되었다.

내신 성적 향상의 비결은 수업시간 집중

시험 일정이 발표되면 우리 아이는 먼저 철저하게 계획표를 세워 대비했다. 한 번도 계획표 없이 시험을 치룬 적이 없다. 맨 마지막 날 보는 과목부터 준비했다. 또 각 과목 교과서, 학습지, 기출문제 등을 총 3회 이상 반드시 보고 시험에 응했다. 그러려면 시험 준비는 3주전부터 들어갔다. 아이는 지금도 수능시험 준비에서 철저한 계획표에 따라 하고 있다.

의지가 있었다. 아이는 목표가 생기면 누구에 의해서가 아니라 능동적으로 목표를 위해 매진했다. 함께 특목고를 준비하는 그룹에는 엄마

의지대로 수동적으로 준비하는 학생, 학생의 의지는 강하지만 부모의 관심이 약한 학생이 있었다. 이들의 경우 본인 의지가 강하고 부모의 관심도 함께하는 학생보다 아무래도 준비하는 양이나 정도에서 덜 능률적이고 효과도 더뎠다.

아이가 스스로 내신에 철저하다 보니 학교 수업시간에 집중했다. "선생님이 수업시간에 가르쳐 주는 내용을 놓치지 않아야 시험을 잘 볼 수 있음을 깨달았다."면서 "아무리 좋은 문제집과 기출문제라 하더라도 이보다 더 중요한 것은 없다."고 했다.

그 결과 아이는 남자임에도 불구하고 노트정리를 기가 막히게 잘했다. 우선 선생님이 칠판에 기록하는 것은 당연히 적고, 교과서나 프린트물에 없는 내용은 교과서에 직접 기록하기보다는 노트 위주로 기록했다. 형형색색의 펜을 가능한 사용하지 않았는데, 보기에 깨끗해야 눈에 오히려 잘 들어온다고 했다. 주의할 점은 노트정리에 너무 집중하다 보면 다음 내용을 놓칠 수 있다는 점이다. 이런 단점은 예습을 통해서 어느 정도 만회할 수 있었다. 또 필기 속도를 내는 것도 한 방법이었는데, 글씨체가 엉망이 되는 약점이 있었다.

노트정리를 잘한다는 것은 수업시간에 집중했다는 표시이자 내신 상위성적을 위한 결정적 밑거름이다. 요즘 아이들은 필기를 기피하고 있는데 어려서부터 수업시간에 노트필기를 중요하게 여기도록 가르쳐야 한다.

또 한 가지, 특목고 준비를 위해 방학 동안 하였던 영어, 수학 심화선행학습도 내신 성적을 올릴 수 있는 밑거름이 되었다. 심화선행학습이 되었기에 별다른 애를 쓰지 않아도 영어, 수학은 좋은 성적을 낼 수 있었고, 이 두 과목을 덜 준비하는 대신 다른 과목을 더 준비할 수 있으니 더 수월해졌다.

특목고 진학이라는 동일한 목표 아래 학원에 모인 그룹의 영향이 상당히 컸다. 아이들끼리 나누는 성적이나 고민, 실패와 성공 등에 대한 이야기가 서로에게 자극이 되고 격려가 되며 경쟁도 되고 다짐도 되었다. 이 부분은 분명 엄마나 선생님, 또는 학원에서 감당할 수 없는 큰 역할이었다.

아이는 2학년 여름방학에 민사고 캠프에 다녀온 뒤 생각이 달라졌다. 영어사용 등 자기가 생각했던 민사고와 많은 차이가 있었다고 했다. 선배들의 이야기들을 들으며 마음에 변화가 있었던 것 같다. 고민하고 있던 차에 대학은 국내 대학에 진학하고 향후 해외유학이 더 좋을 것이라는 조언을 듣게 되었고 대원외고에 주목했다. 명문대 진학률이 좋고 법조인이 되려는 학생들이 많이 지원하며 지방으로 내려가 기숙사생활을 하지 않아도 되었다. 아이가 워낙 문과성향이 확실했고 어학에 대한 관심과 소질도 있었기에 목표 변경이 무리는 아니라 판단했다.

대원외고에서도 중국어과나 독일어과 진학을 목표로 삼은 것은 중국에 대한 세계적인 관심이 집중되어 중국어의 중요성이 증가했고, 국내법과 관계되는 내용 중 독일법에 대한 비중도 어느 정도 차지하고 있는데 아이의 독일 거주 경험이 도움이 될 거라고 보았기 때문이었다. 목표를 바꾸면서 입시전형에 따른 준비도 변화가 불가피했다.

영어는 별 문제가 없었으나 문제는 역시 수학이었다. 외고를 준비하는 학생들로 구성된 상위그룹으로 학원을 바꾼 뒤 그 그룹학생들과의 실력차이가 상당했다. 큰 불안과 고민이 있었다. 상담 끝에 결국 수학을 개인과외로 돌려 부족 부분에 집중했다. 그때 판단을 잘 하였기에 수학 실력은 상당히 회복이 되었고 결국 외고 준비 상위반에 편성될 수 있었다.

이쯤에서 친구의 영향에 대한 이야기를 해보고 싶다. 알다시피 청소년기는 또래문화나 또래집단에 대한 관심이 중요한 때이다. 그러기에 아이가 어떤 또래집단에 소속되어 있는가는 중요하지 않을 수 없다. 내 아이는 다른 학교 재학 중인 친구와 학원에서 영어와 수학을 함께 배우면서 가까워졌고, 목표로 하는 학교도 민사고에서 대원외고로 함께 바꾸기도 했으니 동고동락하는 사이라 해도 과언이 아니었다.

그런데 묘하게도 그 친구는 우리 아이보다 수학을 월등히 잘했다. 이성적이고 판단력이 뛰어나며 냉철함 있었는데 이게 우리 아이에게 부족한 부분이었다. 반면 내 아이는 그 아이보다 영어를 잘했고 그 아이에게 조금 부족했던 여유와 넉넉함을 갖고 있었다. 어른들끼리도 친하게 지냈는데, 이 아이들은 서로에게 엄청난 시너지 효과를 가져왔다. 분명 경쟁대상들이었으나 아이들은 상대방을 딛고 일어서려는 것이 아니고 서로 손을 맞잡고 일어서려 했다. 둘 사이의 경쟁, 격려, 위기감, 긴장감, 위로는 다양한 형태로 특목고 준비에 끈끈한 줄이 되었다.

지금도 나와 내 아이는 그 친구가 곁에 없었다면 지금의 결과를 얻기까지 훨씬 어렵고 힘들었을 것이라고 생각한다. 아이가 속해 있는 집단과 친구는 아이의 성장에 아주 중요하게 관계되어 있음을 알 수 있는 대목이다.

학원 선생님이 멀리서 보고 도망가는 이유

학교 성적과 관리가 외고 준비에 주는 영향을 말해보고자 한다. 아까도 잠깐 언급했지만 특목고 준비와 관련해 학교에 크게 기대하거나 요구해서는 안 된다. 이는 특별한 목표를 가진 자가 준비해야 할 몫이다. 그렇다고 특목고 입시에 관계되는 과목만 잘 관리해서도 절대로 안 된다고 생각한다. 입시전형에서 내신 성적이 반영되기 때문만은 꼭 아니다. 물론 내신관리도 중요하지만 성실성 문제라고 생각한다. 두 가지를 동시에 해야 하는데, 하나를 포기하고 다른 하나만 해낸다면 무슨 의미가 있겠는가? 두 가지를 모두 해내어야 의미가 있는 것이다.

아이가 수학과 영어 과목에만 집중하고, 그 결과 우수한 성적을 거둔다 하더라도 특목고에 진학하여 더 큰 문제로 확대될 우려가 있다. 중학교 과정의 기초가 든든해야 고등학교 과정의 건물을 세우는 데 덜 어려운 것이지, 남들은 고등학교 건물을 짓고 있는 동안 준비하지 않은 중학교 기초공사를 해야 한다면 그 차이는 더 커져 버리고, 힘과 노력은 갑절 필요하게 될 것이다. 내 아이가 노력하는 동안 다른 아이들 역시 노력하고 있기에 웬만해서 차고 올라가기가 쉽지 않다.

따라서 중학교 과정의 학교 수업에 절대적으로 충실해야 한다. 기반관리를 철저히 해야 한다는 말이다. 그러기 위해 수업시간에 철저히 집중하고 숙제를 철저히 하도록 해야 한다. 숙제는 곧 공부이기 때문이다. 내 아이는 공부습관이 잘 들어 있었기 때문에 기절할 정도로 아플 경우를 제외하고는 숙제를 하지 않고 간 경우는 없었다.

그리고 엄마는 아이의 상태를 관리해 주어야 한다. 내일 수업시간표가 무엇인지, 학교에서 가정통신이 있었는지, 숙제가 있으면 다 마쳤는지 정도를 체크해 주어야 한다. 자립심도 중요하지만 여학생이든 남학생이든 아직 어리기 때문에 관리가 필요한 것이다.

전 과목 상위 점수를 내기보다 전 과목, 전 영역에 최선의 노력이 필요한 것이다. 특히 예체능의 경우 적성과 소질에 따라 성적 차이가 날 수 있지만 최선을 다한 노력에 결과와 평가는 비례함을 꼭 말하고 싶다.

내 아이는 수학, 과학, 미술 과목이 약해 남들이 2번 할 것을 5번 이상 복습과 예습을 시켰다. 미술만 하더라도 실기는 어쩔 수 없어 작품 꾸미는 과정에 최선을 다했고 필기시험에는 실수가 없도록 더 집중해 결국 평균 점수는 절대 뒤떨어지지 않았다. 수학, 과학의 경우는 이해가 안 되면 될 때까지, 못 외웠으면 외울 때까지 훈련을 시켰다.

우리 아이는 학교나 학원에서도 쉬는 시간이면 전날 자율학습하면서 기록해둔 의문사항을 선생님들께 꼭 질문하여 집고 넘어간다. 좋은 습관이라 생각한다. 오죽하면 학원 수학 선생님이 아이를 멀리서 보면 도망갔다고 했을 정도였을까? 아이가 질문을 많이 하는 바람에 선생님이 쉬는 시간을 활용하지 못했다고 나중에 웃으며 말씀했을 정도였다.

학원 이야기를 해보자. 우리 아이는 영어, 수학학원에서 모두 상위반에 편성돼 있었다. 학원에서도 양질의 프로그램을 아이들에게 제공해 주었다. 그러던 중 나는 영어학원의 특강 프로그램에서 부족한 부분이 있음을 알고 학원에 새로운 프로그램을 만들어 줄 것을 요청하고 싶었다. 혼자 힘으로는 어려울 것 같았고 다른 학부모들의 생각은 어떤지 궁금하였다. 나는 학원 같은 반 어머니들에게 모임을 알리는 편지를 작성해 아이 편에 일일이 다 보냈다. 어머니들의 반응은 의외로 절대적이었다. 서로 궁금하고 염려되기는 마찬가지였나 보다. 20여 명으로 학부모 모임이 결성됐고, 아이들과 학원에 필요한 것들을 기획하기에 이르렀다.

그때 학원에 건의해 신설된 특강프로그램은 그 이후에도 특목고 준비 특강의 모체가 되었다. 외고 입시 이후에도 아이들에게 도움이 되었다. 학원에서는 모든 프로그램과 시간 등에서 우리 그룹에 최선을 다해 맞추어 주었다. 이런 배려로 영어학원에 다니던 전원이 특목고에 합격했다.

학원이 워낙 많고 학원마다 특별한 프로그램이 있기 때문에 어떤 학원을 선택하느냐가 늘 고민이다. 학원을 선택할 때 교재와 프로그램 내용, 선생님 프로필, 그리고 학원과 선생님의 교육관을 꼭 챙겨 보아야 한다. 나는 지금도 이 부분을 반드시 체크한 뒤 학원을 결정하는데, 후회할 일이 없다. 지금도 당시 아이들을 지도한 영어 선생님의 열정을 도무지 잊을 수 없다. 엄마 이상 역할을 했다고 생각한다.

학원과 선생님의 유명도가 크게 중요한 것은 아니지만 그래도 규모는 소규모보다는 어느 정도 규모가 되는 게 좋다. 구성원의 다양성이 확보되기 때문이다. 학원을 빼먹어서도 안 되고, 숙제를 하지 않은 상태로 가게 해서도 안 된다. 숙제를 하지 않는 것은 가방만 들고 오가면서 시간과 비용만 길거리에 뿌리고 다니는 것이다.

어느 학원이든, 어떤 선생님이든 간에 선택하였으면 엄마가 신뢰를 가지고 일정 기간 기다려 주어야 한다. 가시적인 결과가 없다고 남들이 좋다고 입에 오르내리는 학원으로 자주 옮기는 것은 최악이다. 특히 어학 공부에서는 더욱 그렇다. 따라서 아이가 선생님과 학원을 신뢰하고 집중할 수 있도록 엄마의 역할이 필요하다.

대화 많이 나누면 아이 심리 파악은 어렵지 않아

이번에는 도우미로서의 엄마 역할에 관한 이야기이다. 아이가 최선을 다하고 노력할 때, 지치고 힘든 것은 당연하다. 이때 엄마가 아이가 하지 않은 것을 체크해서 하라고 말하는 정도로는 제대로 된 역할이라 할 수 없다. 엄마가 대신해 주라는 말이 아니라 아이가 아직 발견하지 못한 부분에 대해 자료와 소재를 제공하고, 학습 성취도쯤은 확인해야 한다는 소리다.

학습 관리에 집중하다 보면 자칫 잃어버리거나 퇴색될 수 있는 인성 부분에 대한 점검이 필요하다. 사람이 아무리 대단한 위치에 도달해 있다 해도 사회성이 결여되어 있다면 진정한 성공이라 볼 수 없다. 나는 아이가 친구들과의 사귐에서 배려, 이해심, 넉넉함, 유머, 리더십 등이 잘 어우러져 또래 집단이나 또래 문화에서 배제되지 않도록 신경 썼다. 예를 들면 시험기간이 되면 우리 아이는 노트에 정리한 것을 반 아이들에게 돌려보는 넉넉함을 보여주었다. 귀찮은 일, 지저분한 일, 힘든 일에는 절대 빠지지 않고 솔선수범했다. 그 결과 리더로서의 신뢰를 얻을 수 있었다.

수련회나 소풍 때는 장기자랑을 도맡아 계획하고 감독하여 우수상을 매번 받았다. 유머 하면 빠지지 않았고, 이유 없이 자기를 미워하는 친구에게도 불편한 표현을 자제할 줄 알았다. 소위 '노는 친구들'과도 친분이 있어 약한 아이를 보호해 주었다. 또 체격이 좋고 체중도 있었던 턱에 다른 학교 아이들이 심한 장난으로 불편을 줄 때면 나서서 챙기는 아이 중 빠지지 않았다. 아이 자랑만 죽 나열한 것 같아 부끄럽지만 사실이다.

아이가 이렇게 되기까지는 아마도 어려서부터 하루를 반성하고 다짐하고 기도하는 Q.T를 꼭 가졌기 때문인 것 같다. 덕분에 남녀를 불문한 친구들 사이에서, 선생님 사이에서도 좋은 평가를 얻었다. 여기에 성적이 뒷받침해 주었으니 금상첨화였다.

3학년이 되자 아이는 이런 여러 이유로 총학생회장에 아주 월등한 지지로 당선되었다. 그때 아이는 학생회장의 명예만을 생각하지 않고, 건전한 청소년문화를 앞장서서 만들고 싶은 의지를 갖고 출마했다.

자녀관리에서 중요한 것은 엄마가 아이의 심리 상태를 읽고 보고 들을 수 있어야 한다는 것이다. 아이가 어느 정도 힘들 것인지, 견딜 만한지, 한계에 도달했는지, 여유가 있는지, 아파하는지 등을 파악해야 한다. 나는 아이와 워낙 대화를 많이 해서인지 이런 것들을 파악하기가 어렵지 않았다.

참을성이 많았던 아이는 웬만해서는 어려운 상황을 이겨내려고 했고, 나는 더욱 그런 아이의 마음을 미리 읽어줄 필요가 있었다. '이 정도면 너무 많이 참고 있구나.', '이제는 좀 쉬어가야겠구나.', '내 아이에게는 역부족이겠구나.' 하는 것을 알게 되면 나는 조금도 망설이지 않고 중단시켰다. 학원은 물론 심지어는 학교까지 쉬게 했고 모든 것을 중단시켰다. 그리고는 아이가 원하는 것을 가능한 하게 했다.

우리 아이는 운동과 자연체험, 음악을 좋아했기에 여행을 가거나 운동을 하러 가고, 놀이공원에도 갔다. 명동이나 대학로를 거닐며 사람들 구경도 하고, 인사동에서 문화도 접했다. 서울타워에 올라가 끝없이 펼쳐진 야경을 바라보기도 하고 연극, 뮤지컬 공연을 보기도 했다.

매번 학교나 학원 결석으로 스트레스를 풀 수 없었기에 때로는 아이가 원했으나 허락하지 않았던 것들을 허락해 주는 것으로 마음의 휴식을 갖게 했다. 예를 들면 비싼 신발을 사달라고 했던 일, 기능이 좋은 음향기기로 바꿔주기를 요구했던 것, 고가 유명 브랜드 의류를 사달라고 했던 것들을 기억했다가 들어주었다. 아이는 아이라 그럴 때면 모든 스트레스를 싹 날려버리고 재충전하여 또 다시 앞을 향하여 자동 전진하곤 했다.

하루에 현관문 23번 들락거리기

이렇게 바쁜 아이들에게 귀한 것은 건강과 시간이다. 시간이 맞지 않아 아이들이 불규칙적인 식사를 하는 것이 가장 마음에 걸렸다. 해외에 있을 때부터 나는 도시락 싸는 일쯤은 아무것도 아닌 것으로 생각해 왔다. 그래서 외식이나 인스턴트 음식 섭취를 줄이고 규칙적인 식사를 하도록 항상 도시락을 싸서 아이의 이동 시간에 자동차 안에서 먹게 하고, 잠시 쉴 시간과 여유를 갖게 했다.

우리 아이들은 어려서부터 식사시간을 거의 정확하게 지켰다. 아침 8시, 점심 12시, 저녁 6시이다. 식사시간은 방학 때에도 어김없이 지켰다. 우리 아이들은 방학이라고 늦잠을 자지 않는다. 일요일이면 조금 먼 거리에 있는 교회에 아침예배를 드리기 위해 등교할 때보다 오히려 더 일찍 집을 나서야 했다. 따라서 우리 아이들이 1년 동안 늦잠을 자는 날은 거의 없었다. 특별한 행사가 없는 공휴일에 어쩌다가 늦잠을 잔 적이 있는데 그나마 다섯 손가락으로 꼽을 정도이다.

규칙적인 식사와 늦잠 자지 않는 습관은 우리 아이들 건강과 시간 관리에 아주 좋은 영향을 주었다. 학원 셔틀버스가 운행되었지만 나는 모두 직접 실어 날랐다. 아침 등교부터 시작하여 하루 동안 집에 들어오고 나가기를 작은아이와 합쳐서 23번이나 한 날도 있었다. 그야말로 엉덩이를 방바닥에 붙여 볼 시간이 없었다. 아이를 위해 내가 해 줄 수 있는 것이 이것 밖에 없었기에 게으름을 피울 수 없었다.

아이가 학생회 임원이다 보니 엄마도 자연스럽게 학부모 임원이 되었다. 처음에는 부담도 있었으나 임원을 해 보니 아무래도 학교의 교육과 프로그램에 대해 관심을 갖게 되고, 임원으로 애쓰는 엄마의 모습이 아이에게도 좋게 작용했다. 아이가 임원이 되었을 때 엄마도 사정이 허락된다면 임원을 하는 게 좋다.

지금까지 순전히 엄마와 아이의 노력으로 열매를 얻을 수 있는 것처럼 보였지만 아빠 역할 또한 중요하지 않을 수 없다. 아이 교육에서 나를 철저하게 믿고 지지해 주었다. 구체적인 도움과 역할을 해 준 것은 없지만 힘을 실어 주었다. 아이가 혼란스럽지 않도록 격려자요 쉼터가 되어준 남편이 정말 고맙다. 아마 우리 둘 다 강하고 확실한 교육관을 가지고 아이에게 접근했다면 아무리 좋은 것이라 해도 아이가 지쳤을 것이 분명하다.

합격은 합격이고 숙제는 숙제

차근차근 준비 속에 입시전형일이 다가왔는데 아이의 수학실력이 여전히 문제였다. 진전이 있었지만 외고 입시에 나오는 통합형 수리문제 모의고사에서 안정 점수를 얻지 못했다. 아무리 애를 쓰고 노력해도 더뎠다. 자기보다 덜 열심인 것 같은 친구가 월등히 좋은 점수를 얻고, 심지어는 어느 날 갑자기 외고 준비를 한다며 늦게 합류한 학생보다도 점수가 낮으니 정말 힘들어했다. 그때가 아이와 나의 위기였다. 불안하고 초조했다.

어떻게 하나 고민하며 학원 선생님들과 주위의 조언을 구했으나 별다른 길이 없었다. 가만히 생각해 보면 우리 아이의 성향과 역부족 문제이었던 것 같다. 수학 선행학습에서 좀 느린 것 같아 개인과외를 시켰고 그래서 해결된 것 같았지만 그렇지 않았던 것이다. 더 많은 다지기 시간이 필요했는데 그럴 만한 시간적 여유가 없었다. 결국 남보다 더 반복하는 수밖에 없었다.

우리 아이같이 수학 감각이 부족한 아이들은 예습보다는 철저한 반복학습이 훨씬 효과적인 것 같다. 입시 전형일을 얼마 앞두지 않아서는 거의 통합형 수리문제를 반복하면서 새벽을 자주 맞았다.

영어에서는 헌신적인 학원 선생님과 학원 어머니 모임을 통한 학습 프로그램의 개선 및 추가, 그리고 어머니들 사이에서 오가는 정보교환 등으로 우리 아이가 속한 그룹의 대부분이 토플 최상위권에 들었고 외고 대비 실전 모의고사에서도 안정적인 성적을 갖고 있었기에 특별한 염려는 없었다.

우리 아이는 특별전형 중 제2외국어 특기자전형, 경시대회 수상전형을 제외하고 자격이 모두 되었다. 영어 심화학습을 하다 보니 영어 특기자 자격이 되었고, 성적이 좋으니 성적 우수자전형 자격도 갖게 되었다. 학생회장이었기에 학교장 추천 전형도 가능했다. 어떤 전형을 선택할지 잠시 고민한 끝에 영어학원에서 "예년 통계자료와 경험으로 보면 성적우수자 전형이 제일 유리하다."고 조언해 주어 머뭇거림 없이 성적우수자 전형을 택했고, 예상대로 특별전형에서 합격했다.

당시 특별전형에서는 영어 과목에 대한 평가가 없었고 오히려 일반전형에서만 있었다. 아이는 언어문제에서 다 맞고 통합형 수리문제에서는 배점이 낮은 문제 2개를 틀렸다. 1개 정도 틀려야 합격선이라고 예상하고 있었기에 불안한 마음이 있었다. 다행히 배점이 낮은 문제를 틀리고, 내신 성적을 변환한 점수가 좋았으며, 자기소개서에서 칸이 부족할 정도로 많았던 교내외 수상기록이 있어 좋은 소식을 듣게 되었다.

합격 소식을 들은 날, 아이 이모가 축하 저녁식사를 내겠다며 우리 가족을 집으로 초대했다. 한참 식사하면서 이야기를 나누던 중 아이가 보이지 않았다. 찾아보니 누나 방에서 조용히 다음날 학원 숙제를 하고 있었다. 그것도 외고 입시와 관계된 숙제이었다. 우리 가족은 할 말을 잃었다. 기특하기도 하고 미련한 것도 같아 내가 "너, 너무 오버하는 것 아니니? 좀 잘난 척하는 것 같다."라고 말하니 아이는 "그게 아니고 합격은 합격이고, 숙제는 숙제."라고 했다.

단언하건대 이런 태도는 매일 일정 분량을 거르지 않고 해왔던 학습 습관에서 비롯된 것이라 생각한다. 이런 태도는 외고 입학 후 반 편성 고사에서 장학금을 받는 밑바탕이 되었다. 우리 아이보다 여러 면에서 우수한 학생들이 모인 학교에서 좋은 친구관계를 형성하여 매 학년마다 어김없는 학급 회장이 되고 매년 장학금을 받는 결과를 가져오게 했다.

우수한 집단 속에서 무척 힘들 것이라고 각오했지만, 아이와 내가 지금에 와서 느끼는 것은 역시 노력한 만큼의 결과는 반드시 따라온다는 것이다. 그러기에 조금 부족한 듯하고 모자람이 있는 것 같은 좌절감을 혹 갖고 있는 분이 있다면 "분명 노력하고 성실하다면 그것을 채울 수 있다."고 이야기하고 싶다.

지금까지 앞으로 이런 기회가 또 있을까 하는 마음이 들어 앞뒤 가리지 않고 속내를 털어 놓았다. 지나온 길을 단지 소개하겠다고 해 놓고 자아도취에 빠져 자기 자랑과 자식 자랑만 볼썽사납게 한 것은 아닌지 염려된다. 그런 부분이 있었다면 너그러운 마음으로 용서해 주리라 믿는다.

아무리 조그마한 것이라도 배울 수 있는 것이 있기에, 부끄럽지만 나의 자녀교육에 관한 소개를 마쳤다. 작더라도 좋은 유익을 드릴 수 있음을 스스로 위안하며 감히 글을 써 보았다. 무엇보다 지금의 내 아이들이 나의 지도에 너무나 잘 따라와 주었음이, 그리고 엄마의 역할을 그나마 잘할 수 있도록 지원해 주고 격려해 주고 아이들 앞에서도 보일 듯, 안 보일 듯 내 역할을 위해 도움을 준 남편에게 너무나 감사하다.

나는 열두 번 다시 태어나도 지금의 남편과 결혼할 것이며 지금의 내 아이들이 또 내 아이들이 될 것이다. 지금의 남편이 내 남편이고 지금의 내 아이들이 내 자녀임이 너무나 크고 귀하며 감당할 수 없을 만큼의 찬란하고 행복한 선물이다.

외국어고 진학 성공 POINT

1. 매일 일정 분량의 학습을 꾸준하게 하는 습관을 길러 주어야

아무래도 외고 진학이라는 목표를 가지게 되면 일반 학생들보다 학습 분량이나 내용에서 어려움이 당연이 많고 크다. 양적으로 늘어난 학습을 이겨내기 위해서는 어려서부터 꾸준하게 매일 적량의 학습을 해 놓는 습관이 큰 도움이 된다.

갑자기 학습 분량을 늘리거나 미뤘던 학습을 어느 날 한꺼번에 하는 것은 너무 비효과적이고 큰 향상도 기대하기 어렵다.

2. 영어는 양질의 프로그램을 바탕으로 실력을 향상시켜야

영어학습의 중요성이 크게 높아지면서 외국어 전문학원이 많아졌다. 그러나 처음부터 잘못된 영어학습을 받게 되면 상위 수준으로 실력이 향상되기가 참으로 어렵다. 따라서 처음부터 양질의 프로그램으로 학습지도를 받을 수 있도록 신중하게 영어학원 및 교재, 교사를 선택해야 한다.

또 한 영역으로 치우침 없이 전 영역을 고루 다지면서 반복하는 학습방법이 좋은 것 같다. 말하자면 이번에는 쓰기만 집중하고, 다음에는 문법, 또 다음에는 듣기, 그 다음에는 읽기, 이런 식이 아니고 이 모든 영역에서 비중의 강약만 조절하여 학습하고, 부족한 영역은 다음 프로그램 시에 비중의 정도를 조절하는 방식이다.

토플, 토익 등의 외국어인증은 충분한 실력 다지기를 한 후에 한 번에 높은 점수를 얻으려고 하기보다는 다지기를 하면서 자주 응시하여 차츰 점수를 높여 가는 게 좋다.

3. 내신 성적관리를 철저히 해야

아이가 외고 입시를 치룰 때와는 또 다르게 요즘 외고 입시 전형은 내신 성적에 대한 반영률이 많이 낮아졌다. 그러나 내신 성적이 좋지 않고 어떤 특정 과목에 대해서만 월등한 실력을 갖추고 있는 아이들은 실제로 그리 많지 않고, 내신 성적이 좋으면서 해당 과목에 대해서도 우수한 실력을 갖고 있는 학생들이 대부분이다.

외고 입시에서 특정 과목만 우수한 학생들은 이미 내신 우수 학생들에 비해 1점이든 2점이든 지고 들어가는 셈이 된다. 또 중학교 내신 공부는 외고 진학 후에도 중요하고 밀접한 관계로 연결되어지기 때문에 내신 성적관리는 반드시 철저하게 해야 한다.

4. 비교과 영역에서 결과를 만들어 놓아야

비교과영역이란 그야말로 교과목 이외의 영역으로 여기에는 각종 대회를 통한 수상, 그리고 주목할 만한 봉사나 체험활동, 임원활동, 그리고 자격증이나 인증서 취득 등이 해당된다.

이런 것들을 통해 다양하고 넓은 사고를 기르면 여러 면에서 능력을 발휘하는 데 충분한 밑거름이 된다. 다른 학생들보다 차별화된 자기소개 거리를 만들어 놓을 수 있어 외고 진학에는 물론 진학 후에도 이런저런 면으로 큰 도움이 된다.

5. 좋은 외고 진학 전문학원의 도움이 꼭 필요

구슬이 서 말이라도 꿰어야 보배라는 말이 있다. 아이가 아무리 우수하더라도 외고 진학 프로그램 없이 좋은 결과를 기대하기가 쉽지 않다. 전문기관에서 확보해 놓은 자료, 통계, 그리고 나름대로의 노하우 등은 개인적으로는 확보하기가 매우 어렵기 때문이다.

외고 합격에는 여러 변수가 작용하기 때문에 이런저런 상황에 대한 결과, 방법들을 아는 것이 필요하다. 전문학원에서 얻을 수 있는 그런 통계나 자료를 참고로 하여 내 아이의 상황을 비교하여 더 나은 방법과 계획, 결정 등을 할 수 있음으로 실패의 가능성을 최소화시킬 수 있는 것이다.

2

하나마나한 잔소리보다는 꿈을 심어 주자

공부를 잘하면 좋겠지만 못해도 문제없다고 늘 얘기하는 아빠가 그리 흔하지는 않을 것 같다. 또 살아가는 방법은 여러 가지며 무슨 일을 하든지 문제가 되지 않는다고 한다.

아빠가 공부 못해도 문제없다고 얘기하는 그 순간에도 아이들은 누구나 공부를 잘하고 싶어한다. 내가 "공부 좀 열심히 하라."고 잔소리하는 순간에도 아이들의 생각과 행동은 기존 입장에서 크게 많이 달라지지는 않는다.

글쓴이 : 이현숙
첫째를 대일외고에 보냈습니다. 학원에 보내지 않고도 혼자 연구해 낸 학습관리법으로 영어를 가장 좋아하는 아이로 키웠습니다. 자식이 상처받는 게 두렵기는 하지만 아이들이 겪어야 할 인생 파고는 높기 때문에 일찍 깨지고 경험하는 것도 나쁘지 않습니다. 선택의 갈림길에 정답은 없다고 봅니다.

온 나라가 영어교육 열풍에 휩싸여 있다. 영어교육에 목숨(?) 걸었다 해도 과언이 아니다. 이런 열풍 탓인지 큰아이가 다니는 대일외고만 하더라도 다른 과목은 학년별 학력차가 비슷하거나 해마다 들쭉날쭉하지만 토익 등 공인 영어성적만큼은 학년 평균이 해마다 30~50점씩 상승 추세라고 한다. 한국 학부모들의 열성과 저력이 새삼 느껴진다.

이러한 부모들의 열의가 별다른 자원이 없는 우리나라에서의 국력을 키우는 원동력이라는 데에는 기본적으로 동의하지만 우리 학부모들이 필요 이상으로 영어 공부에 희생과 투자를 하고 있는 것은 아닌지 염려스럽다.

사실 큰아이는 중학교 시절 아주 우수한 성적을 나타내지는 못했다. 200명이 채 되지 않는 학년에서 10등 안팎을 넘나들었다. 수학은 한 학기 이상 예습하는 정도고 영어 공부에 주로 치중했다. 영어 공부를 다소 좋아하기도 했고, 영어성적이 다른 교과보다 훨씬 우수한 탓도 있었다. 국제비즈니스업에 종사하겠다는 장래 포부와 연결지어 스스로 또는 우리가 함께 내린 결론이었다.

영어 공부를 크게 싫어하거나 힘들어하지 않았다. 초등학생 때는 영어를 공부보다는 놀이나 아니면 책읽기 정도의 수준에서 했기 때문이 아닌가 생각한다. 조금 깊이 있는 영어 공부는 중학생이 되어서 시작되었다. 물론 돌이켜보면 조금 일찍 더 깊이 있는 영어 공부를 시켰더라면 하는 아쉬움이 남는다. 신문지상을 장식하는 영어 공인성적 만점짜리 영재들을 보면 잠깐 그런 생각을 한다. 하지만 그건 말 그대로 욕심이고, 그렇게 시켰다 하더라도 그 정도 수준에 도달했을지는 미지수다.

지금 아이의 영어수준도 나름대로는 자부심을 가질 만하다. CBT 토플 공인 성적은 280점을 넘긴 상태이고 교내 영어토론대회에서 준우승을 거두면서 학교 대표로 뽑혀 서울시내 외국인학교 학생, 그리고 6개 외국어고 대표들이 겨루는 영어토론대회에 출전했다. 그 대회는 단기 어학연수 경력이 전부인 우리 아이 같은 학생은 거의 없고 해외 체류경험이 여러 해 되는 학생이 대다수였다. 논리력에다 오랜 외국 체류 경험으로 영어능력까지 갖춘 학생들에게는 뒤지지만 3년 이상 외국에서 살다 온 친구보다 토론을 더 잘한다는 칭찬도 곧잘 받는다. 또 앞으로도 꾸준히 더 발전하리라는 희망도 있다.

"너, 정말 신기하다. 영어 공부 경험을 책으로 내어도 되겠다."

아이는 다소 과장되게 친구들이 칭찬으로 한 말을 진심으로 여기고 나에게 이야기한 적도 있다. 에세이 작문능력은 한참 잘 늘다가 현재 조금 답보 상태지만 글쓰기의 배경지식을 다소 더 늘리면 훨씬 나아지리라 생각한다.

아직 대학에 입학한 것도 아니고 국가 공인대회 수상경력도 없는데 영어 공부경험담을 늘어놓자니 다소 낯이 부끄럽다. 평범하지만 가능성은 누구에게나 열려 있다는 차원에서, 좀 더 나은 자녀교육을 위해 함께 고민하고 또 조금 일찍 영어교육을 경험한 엄마 입장에서 몇 가지 정리해 보고자 한다.

재미와 즐거움으로 시작한 유년영어

박사과정 대학원생과의 빠듯하고 바쁜 결혼생활 가운데 첫아이가 태어났다. 우리는 첫째를 키우기 위해 두 해를 친정집에 들어가 살았다. 아이가 두 돌이 지나면서 서서히 독립을 생각하게 되었다. 남편은 아직 공부 중이었지만 아이를 어린이집으로 보낼 나이가 되었고 그동안 조금씩 모아놓은 돈과 시댁 도움으로 아파트 전세를 얻을 정도가 됐다.

어린이집은 선택이 중요했다. 여러모로 알아본 끝에 삼성재단에서 특별히 지원하는 어린이집이 직장과 이사할 아파트 사이의 좋은 위치에 있었다. 아이는 다행히 잘 적응하였고 해를 거듭할수록 어린이집에서 터줏대감이 되었다. 그 어린이집은 사설 어린이집들과는 달리 체계적인 프로그램이 갖춰져 있어 항상 안심이 되었다. 간혹 늦게 퇴근하더라도 당직 선생님이 계셔 저녁시간까지 돌봐주기도 했다. 물론 그만큼 보육비를 더 부담했다.

큰아이가 5살 되던 해 남동생이 태어났고, 돌이 갓 지나서 바로 어린이집으로 보냈다. 둘째는 고집이 세어 적응이 힘들었지만 누나가 닦아놓은 길을 잘 따라갔다. 아마 이때쯤 직장맘의 영어교육이 시작되지 않았나 싶다.

첫째는 어린이집 맞은편에 있는 초등학교로 보냈다. 어린이집에는 저학년을 위한 방과 후 프로그램이 있었다. 아이는 하교하면 어린이집으로 와 숙제를 하고 여러 활동도 하며 또래 친구들과 즐길 수 있었다. 어린이집을 베이스캠프로 삼아 피아노, 발레 등 다른 활동을 다녀오기도 했다.

영어와 첫 만남은 EBS교육방송

퇴근 후 어린이집으로 달려가 아이들을 집에 데리고 오면 대충 씻기고 바로 비디오를 틀어주었다. 〈EBS 영어교실〉, 〈빌리 더 뱃〉, 〈워츠업 두기〉 등 교육방송에서 초등학교 저학년을 대상으로 방영하던 고만고만한 영어 프로그램이었는데, 출근하기 전 미리 자동 녹화를 설정해 두었다.

나는 이 시간을 이용하여 간단하게 식사를 준비했다. 남편이 일찍 집에 오는 날이 드물어 늘 혼자 이러저러한 일들을 모두 감당해야 했다. 다행이 아이들은 다양한 캐릭터로 분장한 등장인물에 현혹되어 처음에는 무슨 이야기인 줄도 모르고 쳐다보다가 시간이 갈수록 관심도를 높여가더니 짧은 문장을 흉내 내기 시작했다.

전문가들은 유아기 TV의 폐해에 대해 역설하지만 솔직히 TV만큼 집요하게 아이들을 잡아 놓는 도구는 없다. 바쁜 엄마는 TV의 도움이 그 어느 때보다 절실했다. 물론 좋은 프로그램이라는 선행조건이 충족되었을 때 말이다. 영어를 접하는 시간은 1시간 정도였는데 아이들은 재미있어했다. 한번 본 프로그램을 반복해서 시청하도록 했다. 아이들은 재미만 있으면 반복시청도 별로 싫어하지 않는다. 크게 신경 쓰지 않고 공부가 아니라 만화프로그램을 보는 것쯤으로 쉽게 영어 공부를 시작하게 되었다.

또래를 가진 전업주부 친구들도 이때쯤 아이들 영어교육을 시작한 모양이었다. '윤선생 영어교실'이 선풍적인 인기를 얻을 때였다. 그 프로그램은 어휘 공부부터 시작했는데, 처음에는 아이들이 곧잘 흥미 있어 하는 모양이었다. 우리는 시간이 없기도 하였지만 언어는 문장으로 접해야 한다는 고집 같은 소신으로 그냥 녹화 테이프만 틀어주었다.

아직도 어눌한 영어 발음 때문에 외국인 기피증이 있는 내가 어렸을 때 누리지 못한 천혜의 교육혜택, 별도의 시간과 돈을 들이지 않고 이용할 수 있는 교육방송에 감사하며 나는 어느새 교육방송 예찬론자가 되기 시작했다. 원어민 선생님이 귀했던 그 시절, 동네 학원가에서 찾아보기 힘든 훌륭한 원어민 선생님들이 출연하는 교육방송은 당연히 구세주였다.

교육방송의 이점은 지금도 확실하다. 어학원들이 난립하면서 우리 학원가는 원어민들의 취업천국이 되었고, 그저 영어권에서 왔다는 이유로 자격 미달 강사들이 설치고 있어 교육방송이 더 돋보인다. 사실 영어 선생님의 자질을 아이들이 판단하기는 힘들다. 부모들이라고 해도 쉽지 않은 일이다. 발음뿐 아니라 교사로서의 자질과 실력이 부족한 무자격자들이 우리 아이들의 시간을 빼앗고 있지 않은지 지금이라도 챙겨봐야 한다.

그래서 완벽하지는 않지만 가장 믿을 만한 보충교재로 교육방송의 다양한 프로그램을 경험해보라고 적극 권한다. 공적자금으로 운영되는 공영방송의 혜택을 마음껏 누려 보자는 얘기이다. 지금은 따로 녹화하지 않아도 될뿐더러 방영된 지 오래된 프로그램까지 인터넷으로 볼 수 있어 더욱 편리해졌다.

음악교육은 영어학습의 기초공사

교과목끼리 상호작용과 상승작용을 한다고 흔히 얘기한다. 내 경험으로는 특히 음악교육이 영어 듣기에 미치는 영향은 단연 으뜸이다. 악기를 일찍 접한 아이의 영어 듣기능력은 그렇지 않은 경우보다 훨씬 향상되는 것 같다. 우리 아이는 둘 다 음악적 능력이 다소 우수하다. 어렸을 때 다소 힘들었지만 피아노 연습을 꾸준히 시킨 게 영어학습에도 도움이 됐다고 이웃 사람들에게 역설하곤 한다. 누나만큼 피아노를 꾸준히 하지 않은 동생은 체르니 30번 정도에서 그쳤지만 누나 연주 소리를 많이 들었던 게 좋은 듣기 공부였다.

첫째는 외고에서 영어 외 전공어인 불어를 배우고 있는데, 학교 전체에서 원어민에 가까운 발음을 하는 몇 명 가운데 든다고 한다. 같은 시간에, 같은 선생님한테서 배우는데도 다른 아이들보다 정확한 발음이 가능한 것은 듣기훈련이 잘되어 있어 그렇다고 결론을 내릴 수 있겠다.

참고로 우리 부부는 다룰 수 있는 악기라고는 하나도 없다. 음악을 즐겨 듣지도 않는다. 노래실력은 음치에 가까워 여러 번 들은 노래를 노래방에서 부를라치면 헤매기 일쑤고 음정도 자주 틀린다. 그래서인지 내가 뒤늦게 중국어를 배운다며 몇 년째 들락거리고 있는데도 알고 있는 어휘량에 비해 성조나 발음은 물론 듣기에서조차 큰 발전이 없어 늘 답답하다.

피아노를 끈기 있게 가르치고 연습시킨 게 아이들의 영어 공부에 도움이 될 거라고 처음부터 생각한 것은 아니었다. 아이들의 문화 수준을 높여주고 싶은 욕심에서였는데 의외의 효과를 본 셈이다. 나중에 어떤 책에서 음악교육이 언어발달에 도움을 지대하게 준다는 글을 읽고 나서 "정말 그렇구나." 하고 무릎을 쳤다.

첫째는 피아노 외에도 클래식 기타, 클라리넷, 사물놀이 등을 두루 접했다. 외고에서는 중창단 동아리 대표를 맡고 있다. 둘째는 피아노 레슨을 그만둔 후 시작한 클라리넷을 3년 이상 꾸준히 하고 있다. 동생의 청음능력은 누나보다 훨씬 앞선다. 요즘은 누가 시키지 않아도 피아노 앞에서 혼자 둥당거리기도 하고, 클래식을 인터넷에서 유료로 다운 받아 작곡가별로 또는 장르별로 구분하여 즐겨 듣기도 한다.

요즘은 우리 부부가 그 소리를 듣는 게 다소 지겨울 지경이지만 한편으로는 다행스럽게도 생각한다. 게임광인 아이가 컴퓨터 게임을 끊은 후로 스트레스를 풀 좋은 수단으로 이용하고 있어서이다. 그리고 무엇보다 내 부족한 부분을 아이들이 채워주기에 대리만족의 기쁨도 함께 누린다고나 할까.

우리들이 공부할 때와 달리 요즘은 국어교육에서도 듣기교육이 도입된 지 여러 해 되었다. 어쨌든 음악을 잘 듣고 느낄 수 있는 아이가 외국어도 잘 듣는 것은 자명한 것 같다. 듣는 능력이 타고난 아이라면 정말 바랄 게 없겠지만, 그렇지 않다면 부모가 발전시킬 수 있는 최소한의 환경을 만들어 주어야 한다.

본격적으로 영어를 붙잡다

우리 선영이의 영어 공부방법은 "잘한다."라는 표현보다 "조금 남다르다."는 표현이 더 잘 어울린다. 그 당시 예체능을 제외하고는 학원에 보내지 않겠다는 이상한 고집이 있는 부모 때문에 외고 입시 전문학원에 1년 정도 다닌 걸 제외하고는 거의 학원에 가지 않았다. 영어 공부의 큰 힘은 초등학교 때 시간 날 때마다 틀어준 〈디즈니 만화영화〉 비디오 시리즈와 학교에 갔다 오면 버릇처럼 대하던 영어동화책이었다.

영어동화책이 귀하던 시절, 레이디버그사의 아주 작은 그림책을 찾아 서점마다 다니기도 하고 수준에 맞는 책을 사느라 며칠을 보내기도 했다. 우리 부부는 그때 얼핏 지나가는 말로 "동화책을 수입해 팔면 돈벌이가 되겠다."는 이야기를 했던 기억이 새롭다. 영어를 잘하려면 하루 2~3시간 이상을 투자하라고 흔히 얘기한다. 영어는 우리말과는 체계가 너무나 다른 어려운 언어이기 때문에 습관으로 굳어져야 하고, 생활 속에 익숙해져야 한다는 이야기이다.

사실 영어학원에 다닌다고 해야 일주일에 두 번, 한 번에 길어야 3시간, 아니면 매일 50분 수업이 고작이다. 이 정도로 영어를 아주 잘하기는 힘들다. 결론부터 얘기하자면 집에서도 추가로 공부를 더 시켜야 한다. 그렇다고 초등학생이나 중학생에게 하루 2~3시간씩 영어 공부만 하라면 너무 가혹하다. 영어를 공부가 아닌 놀이 성격으로 접근해야 한다는 것의 근거가 되는 이야기다.

만화영화 같은 시청각교재를 잘 활용하면 좋다. 명작을 영화화한 디즈니사의 비디오테이프 등을 싫어한다면 흥미위주의 만화영화라도 지속적으로 시청할 수 있게 한다면 영어 공부의 집중도를 높일 수 있다.

사실 영어 공부만을 위해서라면 비디오보다는 오디오가 훨씬 효과적이라고 한다. 하지만 어린 나이에 오디오에 오랜 시간 집중하기가 어렵다. 이런 경우는 영어가 놀이가 아닌 공부가 되기 쉽다. 〈짱구〉가 아이들 사이에 선풍적인 인기를 얻고 있을 당시, 다소 비교육적이긴 하지만 영어로 번역하여 반복해 듣게 한다면 좋겠다는 엉뚱한 생각을 한 적이 있다.

수준에 맞는 영어동화책과 교재 선택법

어른인 내가 영어 공부가 부족하다고 아이들 수준의 동화책으로 영어 공부를 새롭게 시작한다면 작심삼일이 될 게 뻔하다. 내게 맞는 소재와 흥밋거리로 가득한 책이라야 효과가 진작된다. 아이들의 경우도 마찬가지다. 아무리 영어동화책이 도움이 된다고 하더라도 중학생이 초등학생 때 지겹게(?) 대했던 〈백설공주〉 같은 책으로 영어 공부를 할 수 없음은 자명하다. 자신의 지적 수준에 맞고 호기심을 충족시켜 주는 책이라야 도전의욕이 생기는 것이다.

영어 공부는 대충 초등학교에 입학한 연령 때에 시작하면 늦지도 빠르지도 않은 것 같다. 초등학교 1학년 정도라면 재미난 동화책을 읽는 수준, 또는 만화영화를 보는 식으로 흥미를 가지고 영어를 시작할 수 있다는 이야기이다.

뒤집어 말하면 영어는 적절한 시기를 놓치면 공부하기가 곱으로 힘들어진다고 표현할 수도 있다. 간단한 문장으로 된 쉬운 말부터 시작하고, 가벼운 소재로 접근하려면 초등 저학년 시기를 지나치면 안 된다.

교육방송과 디즈니 만화영화 정도를 시청해 오던 첫째는 4학년 때부터 영어동화책을 읽기 시작했다. 활자로 본격적으로 만나기 시작한 셈이다. 원어민 녹음이 된 테이프가 달린 동화책을 주로 사 주었기 때문에 읽었다기보다는 카세트테이프로 들었다는 표현이 더 정확하다. 지금 생각하면 보다 적극적으로 빨리, 또는 많은 동화책을 준비해 주지 못한 것이 아쉽다. 때로는 빌려보고 때로는 조금씩 사기도 했으나 충분하지 못했다.

아이들이 흥미를 완전히 가지게 될 때까지 처음부터 엄마가 많은 시간을 같이 참여하여 모르는 부분을 가르치는 과정이 필요하다. 하지만 직장생활을 하면서 시간이 부족하다는 핑계로 많은 부분을 소홀히 했다. 직장을 그만두게 된 5학년 이후에는 신경을 쓸 수 있었다. 이때 엄마의 관리능력이 크게 필요하지는 않았다. 읽기는 대부분 테이프에 의존했고, 나는 어휘에 대한 뜻풀이 정도만 가르쳐 주고 함께 쳐다보는 것만으로도 엄마로서의 역할은 충분했다.

책 내용은 그림과 더불어 아이의 상상에 맡기면 그만이다. 우리말 동화책을 대할 때 모습과 견주어보면 별로 다를 것이 없다. 원어민 녹음 테이프만 추가된 것이 다를 뿐이다.

학년이 올라가면서 페이지당 활자 수가 많고 조금 두꺼운 책으로 종류를 차츰 넓혀 나갔다. 그 무렵부터 정기적으로 영어동화책을 배달해 주고 수거해 가는 업체를 이용했다. 많은 책을 경제적으로 볼 수 있어 좋았다.

특별히 영어를 관리해 주었다고 보기는 어렵고 물어보면 봐주는 정도였다. 그때와는 달리 요즘은 대형서점 원서코너에 다양한 책이 나와 있다. 혼자 사기가 부담이 되면 친한 사람들끼리 나누어 구입해 돌려보면 좋을 것 같다. 중학생 이후에 보게 되는 두꺼운 책은 가급적 구입하길 권한다. 여러 번 반복하여 읽을 수 있어 효과적이고 아이가 책을 소장하는 기쁨을 누릴 수 있어 좋다. 책은 함께 고르되 한꺼번에 많이 구입하지 않는 것이 좋다. 한두 권 정도라야 애착이 더 생겨 열심히 읽는 것 같다.

대개 우리말 책보다 1~2년 낮은 수준의 책을 준비한다면 크게 실수하지 않는다고 본다.

아이는 학원이나 다른 사람의 힘을 빌려 공부한 적은 거의 없었지만 시청각교재로 오랜 시간 영어 듣기에 단련돼 '서울시 초등 어린이 듣기 대회' 에 학교 대표로 나가 대상을 받아왔다. 시내 초등학교 대표들이 1명씩 출전했는데, 전체에서 약 15명 정도가 30문항을 모두 맞추어 대상을 수상했다. 난이도는 높지 않은 비교적 쉬운 대회였으나 학원에 의존하지 않고 엄마랑 공부한 아이가 스스로 자신감을 갖는 계기가 됐다.

문법에 신경 안 쓴 색다른 영어학습법

아이가 읽은 영어원서 중 백미는 단연 〈해리포터〉 시리즈였다. 〈해리포터〉 시리즈가 훌륭해서라기보다는 그 책을 아이가 좋아해서라는 게 적절한 표현이다. 열풍처럼 번진 해리포터 읽기는 원서에서부터 먼저 시작되었고, 원서읽기 동기로는 이보다 더 좋은 게 없었다. 그 전에는 그 정도 부피의 책은 지레 겁부터 먹어 읽을 엄두도 내지 않던 아이였다.

생소한 어휘가 많은 탓에 1권을 읽기가 처음에는 다소 힘에 부치는 듯하였지만 2권부터는 속도가 나기 시작했고, 읽은 책을 대여섯 번 반복해 읽으면서 열렬한 해리포터 팬이 되었다. 물론 그 이후에 이어지는 후속편은 출판되기가 바쁘게 사서 읽었다. 아마도 아이가 본격적인 영어 공부에 눈뜬 시기가 아니었나 싶다.

부연하자면 아이는 책을 읽을 때 사전을 거의 찾지 않는다. 책읽기

흐름을 깨지 않아 좋다는 생각에 그냥 두었다. 처음에는 그 방법이 옳을까 의구심이 들었지만 일단 읽는 데 무리가 없으니 그러려니 하고 두고 보았다. 초등학생 때 동화책을 읽으면서는 모르는 어휘가 나오면 물어오곤 했는데 그 즈음해서는 엄마의 도움에서 서서히 벗어나는 양상을 보였다. 물론 엄마가 한계상황에 온 탓도 있었다.

아이는 초등학교 5학년 때 학교에서 치른 영어 테스트에서 삐뚤빼뚤 형편없는 답안을 쓴 적이 있다. 영어단어를 써본 적이 없었기에 선생님이 해독하느라 꽤 애를 먹었을 법하다. 또 문법공부는 중학교 때에도 학교 수업시간 외에는 제대로 해 본 적이 없었다. 외고에 입학한 뒤 과거분사가 무엇인지 몰라 어리둥절했을 정도였다. 물론 외고 학생이 과거분사를 몰랐다고 하면 주변 사람들이 믿지 않는다.

외고 전문학원에서 문법공부를 따로 시키지 않고 듣기나 독해, 단어 외우기에 치중하는 학습법을 구사한 것도 여기에 일조했다.

문법공부를 하는 것이 하지 않는 것보다 훨씬 효과적인데도 이 이야기를 꺼내는 것은 큰아이가 문법공부를 하지 않았는데도 외고 입학에는 아무 지장이 없었다는 점을 말하고 싶기 때문이다. 앞에서 밝혔듯이 만화영화, 교육방송 프로그램 등 어릴 때부터 듣기 위주로 배웠고, 다음 단계로 영어동화책 읽기에 치중했다. 결과적으로 쓰기나 문법위주 공부가 부족했지만 큰 문제가 되지 않았고 오히려 영어 공부에 대한 흥미를 비교적 오랫동안 유지할 수 있었던 비결이 아니었나 싶다.

이와 관련된 일화는 또 있다. 토플공부를 별도로 해 본 경험이 없는 아이가 드디어 필요성을 느끼고 고1 겨울방학 때 유명한 토플 전문학원을 찾았다. CBT 기준 250점이 넘는 학생을 위한 이른바 '명품반'이었다. 아이는 등록 3일 후 "문법을 설명하는데 무슨 말인지 통 모르겠다."며 다니지 않겠다고 했다. 거금 60만 원이나 주고 등록하였는데 무슨 소리냐고 했더니 "한국식 문법 설명이라 무슨 소리인지 모르겠다."며 아무런 도움이 되지 않는다는 것이었다. 결국 3일만 수강하더라도 한 푼도 환불이 안 된다는 학원약관 때문에 수강 연기를 해 놓았지만 기간이 지나 돈만 오롯이 날렸다.

아이는 겨울방학 때 원서로 된 토플책을 한번 정도 훑어보았는데 지난여름 토플 성적이 287점으로 크게 올랐다. 지금도 한국식 문법용어를 완벽히 알지는 못한다. 그렇다고 문법공부를 따로 하지도 않는다. 간간이 학교에서 받는 토익수업 중 듣게 되는 영어식 문법 설명이 전부이다.

중학교 1학년 가을 즈음, 청소년을 겨냥한 주간 영자신문이 발행되고 있다는 정보를 접하고 무조건 정기구독을 신청하였다. 딱딱한 정치, 경제, 사회 기사가 당장에는 흥미를 끌 수 없겠지만 두 마리의 토끼를 잡을 수 있다고 판단했다. 재미 위주 책으로만 영어 공부를 하다 보니 장르도 한정되고 딱딱한 인문, 자연과학 지문은 접할 기회가 없어 아쉬웠기 때문이다. 아이에게는 그때부터 영어 공부가 무게 있게 다가와 부담스럽기 시작했다고 할 수 있겠다.

그전에는 〈빨간 머리 앤〉 시리즈, 〈아서〉 시리즈, 〈말괄량이 삐삐〉 시리즈, 〈로알드 달〉 시리즈 등을 재미있게 보았지만 이번에는 사정이 좀 달랐다. 초기에는 엄마의 손길이 필요했다. 신문을 읽었는지 점검하기 위해 중요 토픽에 대한 줄거리를 말하게 하고, 1면 기사에서만이라도 모르는 단어를 외우라 하고 점검해 주었다. 아이가 영어실력에 대한 자부심이 있어 어느 정도 열정을 가졌고, 엄마 이야기를 착실하게 잘 들었다.

처음에는 신문을 받으면 연예면 기사부터 보기 시작하다 조금씩 읽는 양을 늘렸다. 물론 여러 이유로 읽지 않은 신문이 접혀진 그대로 차곡차곡 쌓일 때는 참지 못해 잔소리도 하고 인상도 그렸다. 사실 영자신문을 읽게 하기 위해서는 웬만한 인내심이 필요했다.

'편안히 학원에 보내면 되는데 내가 왜 이럴까.' 하는 생각도 들었다. 그것도 잠시, 한 달 만에 어느 정도 습관이 자리 잡았다. 그 이후에는 별로 간섭하지 않았다. 약 2년여 꾸준히 구독하여 아이의 영어 공부에 크게 일조하였음은 물론이다.

영자신문 읽기는 다른 엄마들에게도 많이 추천했는데, 시도해 본 많은 엄마들이 필요성에는 공감했음에도 꾸준한 읽기 지도에는 실패하는 예도 있었다. 큰아이가 성인용 영자신문 〈헤럴드 트리뷴〉을 구독한 지 벌써 1년 가까이 된다.

기말고사 다음날 혼자 해외 어학연수를 보내다

경제논리에 따라 물건을 사고팔며 적절한 구매 시기를 선택하려 노력하는 우리들이지만 자녀교육에서만큼은 이성을 쉽게 잃는 것 같다. 그래서 옆집 아이, 같은 반 친구가 어학연수를 떠난다고 하면 아이는 물론 부모까지 부화뇌동하기 마련이다.

어학연수에는 적지 않은 돈이 들어가는 만큼 아이가 연수를 받을 정도의 어휘력을 갖추었는지, 또는 한국인이 많지 않은 곳인지 등 여러 조건들을 잘 살펴 신중히 결정해야 한다. 최근 국부 유출이라는 말까지 들먹이면서 해외 영어교육 연수비 지출을 걱정하는 이들이 많다. 일부 여유 있는 집 자녀의 유학이나 장기연수는 그렇다 치더라도 "다소 무리가 되어도 남들 다 가니 우리 아이도 안 보낼 수 없다."는 사고가 문제인 것 같다.

그렇더라 하더라도 내가 투자한 만큼 성과를 거둔다면 교육에 대한 투자야말로 그 어떤 투자보다 매력적이고 가치 있는 일이지 않는가. 말 많고 탈도 많은 어학연수는 한 번쯤 가볼 만한 가치가 있는 것일까. 언어는 학문이라기보다는 생활의 일부분이고 실전에 가깝다. 말하기의 경우는 더욱 그렇다.

큰아이가 초등학교 때부터 영어 듣기를 줄곧 해왔지만 말하기만큼은 어떤 기회도 갖지 못해 늘 갈증이 나 있는 상태였다. 실제로 그런 기회가 온다고 해도 몇 마디나 할 수 있을까 의문스럽기 짝이 없었다.

학원에 돈 갖다 주는 것을 그리도 아까워하던 우리 부부가 거금 500만 원을 한칼에 지출하겠다고 마음먹은 데는 75일간의 호주 단기연수가 아이의 입을 터지게 하는 유일한 길임을 감지했기 때문이었다. 왕복 항공권은 축적된 내 마일리지로 끊었으니까 명목상 비용은 이보다 100만 원 정도 더 된 셈이다. 아이가 중1 겨울방학을 최대한 활용할 수 있도록 기말고사를 본 다음날 비행기에 태웠다.

가족과 떨어져 본 경험이 없는 아이를 혼자 보내는 불안감에 목사인 남편 친구 집으로 보낸 것이 불찰이었다. 결정적으로 같은 나이의 딸이 있어 그 집을 선택했지만, 호주에서 태어났더라도 모두 한국어를 쓰는 부모 밑에서 자라 우리말을 썩 잘한다는 사실을 간과했다. 그 아이와 다소라도 영어로 대화를 나누지 않을까 하는 그릇된 기대를 가지고 있었다.

우리는 황금 같은 연수기간 중 30여 일을 편안히(?) 지내는 딸을 지켜보면서 그다지 효과적인 어학연수가 아니라는 결론을 내렸다. 멀리서 온 친구 딸을 데리고 같이 여행도 다니면서 얼마나 잘해 주었는지는 두말할 필요가 없었다. 김치 없으면 밥을 못 먹는 아이는 한국음식을 계속 먹을 수 있어 더더욱 좋았다. 하지만 영어 공부에서는 그리 완벽한 선택이 못되었다.

아이와 이메일을 주고받으면서 공부와 생활지침에 관해 독려했다. 아이는 학교 부설 랭귀지스쿨에 열심히 다니면서 목사님의 일정 관리를 받는 등 많이 노력했지만 한국인 가정에서의 영어 실습은 미미할 수밖에 없었다. 시드니 시내 중심가에 위치한 학교도 방학을 맞아 찾아온 한국 어학 연수생들로 한국인지 호주인지 구분이 안 갈 정도라고 하니 많은 비용을 들여 호주까지 간 보람이 감소할 수밖에 없었다.

마음이 조금 아팠지만 목사님과 의논하여 남은 기간은 시드니에서 자동차로 1시간 정도 떨어진 조용한 곳으로 학교를 옮기기로 하고 홈스테이도 호주인 가정으로 바꾸기로 하였다. 학교 소개로 고른 집은 부부가 교수, 기자인 가정으로 5학년, 3학년 남매가 있었다. 아이는 간단한 일상회화 정도는 가능하였기 때문에 홈스테이 생활은 순조로웠다. 학교를 마치고 집에 돌아와 이 집 남매와 해변에서 모래놀이를 하고 즐겁게 지내다 어른들이 돌아오면 식사준비 등을 함께 하면서 담소하고, TV도 같이 보는 등 자연스럽게 친해졌다.

그 부부 역시 퇴근해 집으로 돌아오기까지 약 2시간 동안 우리 아이가 자신들의 아이들과 놀아주는 베이비시터 역할을 해냈으니 아이의 존재를 반길 수밖에 없었다. 하숙비를 내기는커녕 되레 아이 돌보는 비용을 받아야 할 판이었다. 사실은 아이의 실전영어 능력을 키우는 데는 그 아이들의 역할이 컸으니 누이 좋고 매부 좋은 격이었다.

홈스테이 가정을 선택할 때는 아이 또래나 한두 살 어린 친구가 있는 곳을 선택하면 좋다는 것을 그때 새삼 느꼈다. 엄마들의 경험담에 따르면 나이가 많은 아이들과 있게 되면 함께 어울리기보다는 각자 자신의 일에 바빠 그저 생활 속에 지나치는 일원이 되기 쉽다는 것이었다. 우리들 가정과 별반 다르지 않으니 얼른 이해가 가는 대목이다.

랭귀지스쿨은 외곽에 있어 한국인 학생이 적은 대신 일본 중국 등 여러 나라 친구들이 고루 있었고, 단기 연수생보다는 정식 유학에 대비한 사전교육 성격의 6개월 또는 1년 장기코스를 밟는 학생들이 주류여서 당연히 영어가 교내에서 사용하는 언어가 될 수밖에 없었다고 한다.

해외 어학연수 효율적으로 보내기

1.효과적인 시기를 선택한다.

주변에 아이를 어학연수 보낸 부모를 여럿 보았지만 목적을 달성한 사람은 적었다. 어학 공부만이 목적이 아니라면 외국 나들이로 세상 구경을 시켜 견문을 넓히는 데는 적극 찬성이다. 하지만 옆집 나들이처럼 자주 보낼 수 있는 것이 아니기에 기왕이면 영어능력 향상이라는 최대 성과를 거둘 수 있도록 시기와 장소 등에 대한 고민이 필요하다.

방학 때마다 보낼 수 있는 가정이 아니라면 시기와 본인의 영어능력을 잘 저울질해야 한다. 7살 때 가는 어학연수와 13살에 가는 어학연수는 우리말 어휘력, 영어능력에 따라 효과가 다르기 마련이다. 흔히 "아는 만큼 보인다."라는 표현은 여기에 딱 맞는 말이다. 꾸준히 영어를 공부하여 어휘 가짓수가 어느 정도 되어야 어학연수 효과가 극대화된다. 자신이 모르는 단어를 상대방이 섞어 쓰면 들리지 않는다.

2.부모 없는 장기연수는 초,중 때는 피한다.

글로벌시대에 일찍이 대비한다며 초등학교 5학년, 중학교 1학년 형제를 함께 캐나다에 1년간 교환학생으로 보낸 집이 있다. 경제적인 능력이 있는 집이었다. 홈스테이 가정은 어른들만 있는 아주 쾌적한 곳에 있었다. 아이들은 가까이에 바다가 있는 그곳에서 자연을 벗 삼아 낭만적인 한 해를 보냈다. 시골학교라 도시아이들과 달리 학교만 갔다 오면 책가방을 던져놓고 즐겁게 뛰어놀았다고 하니 정말 천국과 다름없었던 모양이다. 값진 추억을 담고 온 그 아이들이 부럽기도 하였다.

하지만 4,000여만 원의 경비를 고려하면 효과적인 어학연수였다고는 말하기 어렵다. 결국 아이들은 일상적인 간단한 영어는 다소 늘었지만 학업과 독서를 소홀히 해 영어능력이 깊게 향상되지 못했다. 그 결과 같은 기간 국내 영어전문학원에 다녔던 친구와 같은 수준의 반에 편성되어 공부하고 있다.

나이가 어리면 아무래도 자기관리 능력이 떨어진다. 초등 고학년과 중학교 1학년 때는 아무래도 학업에 열중해야 하는 시기라 외국에서의 1년 공백을 메우려면 적잖은 노력이 필요하다. 실제로 "어학연수를 다녀왔더니 국어 어휘력이 줄어 국어교과는 물론 암기 과목에서도 이해도가 현격히 떨어졌다."고 걱정하는 친구도 있다.

장기연수에 부모가 동행한다면 학업에 뒤떨어지지 않도록 독서나 기타 수학지도 등을 할 수 있어 돌아와서 학업에 복귀하는 데 도움이 된다. 물론 자기관리 능력이 뛰어나거나 스스로 공부에 흥미 있어 하는 경우는 예외일 것이다.

3. 한국인이 많은 곳에서는 효과가 50% 이상 떨어진다.

귀한 딸을 아주 낯선 집에 거주하게 하는 일이 영 내키지 않아 오빠 가족이 사는 캐나다 토론토로 보낸 친구가 있다. 나처럼 아는 한국인 집에 보내는 실수를 저질렀던 것이다. 한국인이 많은 곳에서 언어연수는 만족할 만한 성과를 얻기 어렵다. 낯선 타국에서 친척이나 아는 사람은 때로 힘이 되기도 하겠지만 영어 공부에서만은 오히려 해가 되면 되었지 득이 되지는 않는다. 어학연수는 한국 사람이 없고, 원어민 또래가 많은 곳이 최고이다.

홈스테이를 선정할 때 어른들만 있는 가정은 피하는 것이 좋다. 아이들은 비슷한 어휘를 만국 공통으로 사용하지만 어른들과는 사용하는 어휘가 근본적으로 차이가 나기 마련이다. 짧은 시간의 단기연수에서 랭귀지스쿨 수업시간에 배우는 것 외에 생활영어라도 익히려면 또래에게 배우는 실전영어가 필요하다. 홈스테이 선택에 신중해야 하는 이유이다.

후회 없는 선택 외국어고

아이는 중학교 1학년 내내 영어 원서를 즐겨 읽으며 관심도는 높았지만 외고를 꼭 가겠다는 투지는 별로 없었다. 부모가 외고에 가는 편이 좋겠다고 이야기하니까 자신도 다른 일반고보다는 나을 성싶어 그렇게 하겠다고 막연하게 생각했다.

그해 10월 초, 집에서 가까운 이화외고에서 입시설명회가 열렸다. 아이가 학원을 다닌 것도 아니고, 그렇다고 내가 외고 입시에 관한 정보를 접한 적도 거의 없었기에 설명회장을 찾았다. 아이도 마침 학교를 마치는 시간이라 동행했다. 아름다운 교정, 재학생들의 밝은 표정, 갖가지 교내 행사에 대한 안내와 열띤 홍보에 아이는 반했다. 큰아이가 외국어고를 '꿈의 학교'로 바라보는 생각지도 못했던 소득을 얻었다.

아이는 "이때부터 외국어고에 꼭 가야지라고 생각했고, 몇 달 후 호주로 어학연수를 갔을 때도 열심히 공부해 영어실력을 꼭 늘려야겠다는 생각이 늘 머리 한편에 자리 잡고 있었다."고 뒷날 이야기했다. 그때

나는 부모가 아이의 미래에 대한 설계를 잔소리하듯이 수십 번 해 주는 것보다 다른 통로를 이용하여 우회적으로 꿈을 심어 주는 게 더 효과적이라는 것을 새삼 깨달았다.

중3 한 해 정도는 전문학원 도움 필요

특목고를 지망한다면 최소한 중학교 3학년 한 해 정도는 전문학원의 도움을 받는 것이 유익하다고 경험적으로 이야기할 수 있다. 개인이 혼자 특목고 진학을 준비하기에는 부족한 게 많다. 공부를 정말 좋아하는 몇몇을 제외하고는 사실 긴 시간 동안 자신을 관리하며 입시를 준비하기는 쉽지 않다. 대부분 아이들은 끊임없는 자극을 필요로 하는데, 중3은 고3과는 달리 모두가 입시준비생이 아니다. 평준화된 교실에서 그런 자극을 기대하기는 어렵다.

특목고 전문학원을 다니면 좋은 점이 많다. 우리 아이는 2학년 말 압구정동에 있는 특목고 대비반에 보냈다. 조금 더 가까운 곳에 외고 전문학원이 있었지만 외국 거주 경험이 많은 학생들이 다수 포함된 그 학원을 선택한 것은 등원 횟수가 적당했고, 잘하는 아이들과 경쟁하면서 자극을 받을 것이라고 기대했기 때문이었다.

영어에 대한 자신감을 다소 갖고 있던 아이였지만 들어가고 나서 며칠은 계속 기죽어 있었다. 외국에서 거주한 경험을 가진 친구도 있고, 겉보기에는 별반 다를 게 없어 보여도 학교 성적이 최상위권인 학생이 꽤나 많았던 모양이다.

그러나 목표가 있는 곳에 진전이 있었다. 친구들과의 유대가 서서히 생기고 학원 수업에도 적응해 나갔다. 시간이 갈수록 같은 반 친구들은 경쟁상대가 아닌, 같은 배를 탄 동지와도 같았다. 그네들끼리는 함께 합격의 고지를 탈환하는 '전우'라고 표현할 정도였다. 나는 큰아이의 그런 과장된 표현에서 학원 선택이 시의적절하고 성공적이었다고 확신했다. 힘든 과정 속에서 서로 위로와 용기를 주는 친구들이 있어 고충도 한층 덜게 됐던 모양이다.

그때 사귄 대부분의 친구들이 다른 외고로 갔지만 아직도 연락하고 지낸다. 가끔 외부 교육프로그램에서 만나면 반가운 마음에 집에 돌아와서도 한층 수다스럽다.

학원에는 다년간 축적된 입시문제 유형에 대한 자료들이 있어 아이들이 실전에서 당황하지 않도록 학습할 수 있다는 장점을 빠트릴 수 없다. 외고 입시에서 영어는 기본적으로 갖추어져야 할 능력이고 당락의 변별력은 사실상 국어, 사회, 수리 통합사고력 문제에 달려 있다고 해도 과언이 아니다. 이 문제들을 학교에서 다룰 리 만무하고 서점에 나온 책에서도 알기 어려운 창의적인 유형의 문제이기 때문이다. 영어, 수학 등 모든 영역에서 공부를 아주 잘하는 아이라 할지라도 최소 3개월 정도는 모의고사 실전훈련 격으로 전문학원을 찾는 것이 좋다.

아이는 영어 듣기는 다소 좋은 상태였지만 어휘력 늘리기와 다소 딱딱한 지문에 대한 독해가 잘 되지 않아 다소 강제적인 학원 시스템의 도움을 받았다. 그 외에 수학이나 기타 국어 등 소위 구술면접 준비에서도 도움을 크게 받았다. 해외 체류 경험이 5년 이상 되는 학생도 이곳을 찾아오는데, 구술면접과 같은 입학고사에 대비하기 위해서였다. 사실이 아이들은 영어의 경우 여기에서 도움을 받을 것이 별로 없었겠지만 단과반 중심으로 운영하는 외고 전문학원이 거의 없기 때문에 이곳을 다녔다. 물론 주요 학원에서도 막바지에는 구술면접 대비반을 운영하기도 한다.

전교 1, 2등 하는 아이 친구는 수학 등 다른 교과목 실력은 월등하지만 독해능력에 비해 영어 듣기가 거의 되지 않았다. 하지만 약 1년 반 동안 이곳에서 꾸준히 공부한 덕에 막바지에는 영어 듣기가 우리 아이와 거의 비슷한 점수대로 올라왔다. 전체적으로 모두 우수해진 그 아이는 대원외고에 합격하여 잘 다니고 있다. 같은 학원, 같은 반에 다녀도 도움 받는 분야는 이처럼 제각각이다.

어쨌든 아이는 "외고 입시반에서 했던 공부가 지금까지 공부에 큰 자양분이 되었다."고 하니 전문학원의 필요성은 더 말할 나위가 없는 듯 싶다.

외고 입시는 갈수록 어려워진다

최근 1, 2년 사이에 영어를 잘하는 아이들의 실력이 현저히 늘어나는 추세다. 외고 입시에서도 이런 현상이 반영돼 입시문제가 갈수록 어려워지고 있다. 그전에는 입시준비생 중 영어 작문이 가능한 학생이 드물었는데 요즘은 에세이 능력까지 갖춘 아이들이 무척 많아졌다. 글로벌 전형의 경우에는 영어 공인 성적이 현재 재학생 수준 이상이어서 "이미 영어실력이 충분한데 외고는 왜 가려 하느냐."라는 우스개까지 나올 정도이다. 물론 그런 아이들은 아이비리그를 준비하는 등 또 다른 목표가 있을 것이다.

공부는 하기 나름이다. 외고 입학 초 토익 600점 정도로 최하위권에 들었던 우리 아이의 2년 선배는 3년 내내 꾸준히 공부해 미국 명문 코넬대에 남들보다 약 6개월 전, 우리 방식으로 얘기하면 수시 1차에 일찌감치 합격하는 저력을 과시했다. 또 부모와 함께 영어권 국가에서 5년여 살아 해외체류자 특별전형으로 입학한 아이 친구는 입학 초 토익 950점을 넘는 성적에도 불구하고 학교 성적은 바닥권에 머물기도 했다. 노력이 다소 부족한 그 아이는 현재로선 국내든 국외든 명문대 입학은 좀 힘들어 보인다.

내신만 좋아도 외고에 갈 수 있지 않느냐고 묻지만 대부분 입학고사 정도는 거쳐야 한다. 대일외고의 경우 국어, 영어 성적 상위권이 지원하는 전형의 합격선은 석차백분율 2% 이내일 정도로 내신이 우수해야 한다. 하지만 듣기 등 기본 실력이 갖춰지지 않았다면 입학해서도 무척 고생이다. 전교 1, 2등을 놓치지 않았던 그들은 영어 능력을 자주 체크하는 시스템 속에서 자존심에 상처를 입기도 한다. 이들 대부분은 대개 저력을 발휘해 영어 능력을 꾸준히 높여 나가지만 그때까지 인내하기가 쉽지 않은 모양이다.

중학교 3년 내내 전교 1등을 거의 놓치지 않는 아이 친구가 있었다. 깊이 있는 사고를 하는 아이로 이화외고에 무난히 합격하였지만 영어 능력은 다소 평범했다. 결국 입학 후 한 학기 내내 적응하느라 무척 힘들어하다 일반고로 옮겼다. 현재 학급 수가 15개 되는 일반고에서 이과반 수석을 놓치지 않고 있다. 수능 모의고사 성적도 잘 나와 서울대 웬

만한 학과는 무난히 합격하리라 학교에서 평한다고 한다. 자기가 갈 길은 자신에게 맞는 길을 스스로 찾아야 할 수밖에 없다.

문과성향이 강한 큰아이는 상대적으로 영어에 치중하느라 수학을 다소 소홀히 했다. 그 결과 수학 성적이 상대적으로 한참 떨어졌다. 일반적으로 쉬운 문제만 출제되는 내신 수학성적은 90점을 겨우 넘겼다. 본인도 물론 엄마인 나도 '타고난 능력이 그 정도인가 보다.' 하고 적당히 포기하는 마음이 아주 없지 않았다.

하지만 2학년 말 외고 입시를 준비하면서 입학고사 중 정작 당락을 좌우하는 과목이 영어가 아니라는 것을 알게 되었다. 영어 외 교과는 내신 위주로만 겨우겨우 해결하고 지나간 탓에 깊이 있는 공부를 못했다. 중학교 내내 독서가 충분히 이루어지지 않은 허점을 발견하고 보니 뒤늦게 마음이 다급해졌다.

2학년 막바지 외고 전문학원에 등록한 뒤 살인적인 학원 숙제로 허겁지겁했지만 긴 겨울방학은 수학실력을 향상시키는 절체절명의 기회였다. 입시반에서는 진도를 공통수학 10-가에서 진행하고 있었는데 상대적으로 수학이 부족한 아이는 9-가를 다져야 할 형편이었다. 한 학기 정도 선행학습만 한 수학실력으로는 외고 입시반에 붙기조차도 어려웠다. 상대적으로 영어 점수가 좋아 겨우 입학한 상태였던 것이다.

방학 내내 매일 2시간씩, 한 단원씩 문제를 꾸준히 풀었다. 틀린 문제는 문제 풀이과정을 보았고, 그래도 완전히 이해가 되지 않으면 입시반 친구와 선생님, 때론 급한 대로 엄마 아빠에게 도움을 요청했다.

그렇게 60여 일을 보내고 나니 수학은 같은 외고 입시반에서 중간 정도 수준으로 훌쩍 뛰어올랐다. 그러던 중에 외고 입시에서 수학문제 출제를 금지한다는 교육부의 지침이 내려지면서 입시 유형이 바뀌는 듯했다. 하지만 크게 보면 결국 변한 것은 없었다. 사고력을 측정하는 창의력 수리문제로 바뀌어 출제됐다. 수학적 원리에 기초한 사고력 테스트 문제에는 아이가 오히려 상위권에 들 정도로 괜찮았다. 입학고사에서 수리문제는 일반적인 수학문제가 아닌 응용력이 강한 사고력 테스트용 문제이다.

그 외에 1년 내내 외고 준비반에서 내어준 강도 높은 수학 숙제가 크게 도움이 되어 3학년 때는 교내 수학 경시대회에서 장려상을 받을 정도는 되었다. 수학적 능력이 뒤떨어지는 것이 아니라, 다만 공부를 덜 했기 때문이라는 것을 깨우치게 되었다. 여기서 한 가지 꼭 짚고 넘어가고 싶은 것은 외고에 꼭 가야겠다는 아이의 열의가 수학 공부에 대한 투지를 살려 효과가 배가되었다는 점이다.

중학교 수업은 앞으로 공부의 기초체력

'외고를 지망하려면 내신이 얼마나 좋아야 하나요?'

가끔 이런 질문을 받게 된다. 결론부터 이야기하자면 "석차가 중요하다기보다는 내신 공부가 중요하다."라는, 어떻게 보면 말도 안 되는 답을 주고 싶다. 외고 입시에서 내신은 당락에 결정적인 역할을 미치지 않는다. 학교별 편차와 여러 가지 변수가 있는 데다 전국 단위 실력 측정에 한계가 있어 그런지 모르겠다. 그렇다고 학교 공부를 소홀히 하면 큰코다친다. 3년간의 충실한 학교수업은 정말이지 소중한 기초체력과 도 같다. 특목고 입학고사는 중학교 전 교과과정에 대한 깊은 이해가 밑바탕이 되어 출제된다.

중학교 교과는 고등학교 교과과정의 맛보기라고 할 수도 있고, 생활인으로서 살아가는 데 필요한 상식의 밑거름이 되기 때문에 제대로 해두어야 한다. 하루에도 몇 번씩 판단의 갈림길에 서서 대학 때 배운 전공보다는 청소년 때 배운 공부가 삶의 지혜로 다가옴을 느끼지 않던가?

일반전형의 경우 외고마다 자격요건을 달리한다. 거의 모든 중3 학생들에게 열어 놓기도 하고, 중학교 3학년 1학기 영어성적 80점 이상으로 느슨하게 열어 놓고 입시 경쟁률을 부추기기도 한다.

그렇지만 정작 합격생들의 내신 성적은 결코 만만하지 않다. 실제 석차백분율 30%정도의 학생이 합격하는 예도 간혹 있지만 합격생 400여 명 중 한두 명으로 극히 특별한 경우이다. 얼마 전 둘째 때문에 대원외고 입시설명회를 다녀왔는데, 5~10% 이내에 포진한 학생들이 주로 입학한다는 통계치를 들었다. 학교 편차를 감안한다면 서울 강남의 경우는 10%에 해당되지 않나 생각한다. 2006년의 경우 경쟁률이 예년보다 높아지면서 합격자들의 내신 성적이 크게 올랐을 것이다. 내신이 좋은 학생은 영어 입학고사 성적이나 구술면접 성적이 좋기 마련이다.

선택의 갈림길에 정답은 없다

시험을 앞둔 막바지 3개월 동안 아이는 학원 정규수업이 끝난 밤 10시부터 12시까지 학원에서 자습을 했다. 우리는 아이를 격려하기 위해

밤마다 학원으로 향했다. 돌아오는 자동차에서 잠시라도 눈을 붙이게 하면서 조용히 아이의 상태를 파악했다. 밤잠이 별로 없는 아빠가 많이 도와주었다. 학원에서는 끝도 없을 정도로 엄청나게 문제풀이를 시키면서 아이들의 긴장감을 부추겼다. 몸은 힘들었지만 정말 신나게 공부했다고 아이는 회고했다.

원서를 접수해야 할 시기가 왔다. 어디를 지원해야 하나, 많이 고민했다. 아이는 대원외고로 가고 싶어했다. 아이가 다니던 학원에서는 지난해 경쟁률에 비추어 안정권이라고 하였지만 나는 100% 자신할 수 없었다. 아이는 영어실력이 평균 이상이어서 특목고 준비반에서도 상위반에 있었다. 하지만 외고를 꼭 가야 했기에 100% 확신이 중요했다. 또 집에서 통학이 불가능하여 이사를 해야 한다는 난관에 부닥쳤다. 지금 살고 있는 동네에 대한 남다른 애정이 있는 엄마에게는 무척 곤혹스러운 일이었다.

외고 입시에는 특별전형과 일반전형 두 차례 응시 기회가 있어 웬만한 아이라면 두 번 기회가 있다. 결국 특별전형은 아이가 가고 싶어하는 학교를, 일반전형은 이사를 가지 않고도 안정적으로 합격 가능하다 싶은 학교를 선택했다. 더 이상 고민하지 않으려고 두 곳에 같은 날 접수했다. 큰아이는 특별전형에서 함께 지원한 많은 친구들과 함께 실패했다. 말 그대로 특별전형은 특별했다. 아주 몇 명만 제외하고 모두 떨어졌다.

다른 친구들은 다시 같은 학교 일반전형에 지원했지만 아이는 엄마가 우격다짐 식으로 일찌감치 일반전형으로 접수한 대일외고로 향했다. 처음 생각했던 학교는 겨우 붙는다 해도 내신 성적이 형편없으면 그 또한 고통이라고 생각했다. 통학거리도 고려했다. 정작 중요한 것은 합격에 대한 보장이었다. 대원외고 일반전형에 무난히 합격할 것이라는 학원 선생님의 말도 있고 본인의 욕심도 있었던 아이는 혼자 대일외고에 가게 생겼다며 펑펑 울었다.

학원 선생님이 이미 원서를 접수한 학교에 취소를 문의해 보라고 알려주어 나까지 생각이 달라져 백방으로 뛰었지만 헛수고였다. 지원을 일단 하면 다른 학교에 응시해 합격하더라도 이중응시로 처리되어 두 학교 모두 불합격 처리된다고 입시전형에 못 박혀 있었다. 결국 포기하는 심정으로 선택한 대일외고를 지금 아이는 정말 잘 다니고 있다. 본인의 표현대로라면 학교에 대해서만큼은 아무 불만이 없으며 행복하다고 한다.

이렇듯 모든 선택의 갈림길에서 정답은 없는 게 인생인가 보다. 아이는 대일외고에서 황금 같은 청춘을 좌충우돌하면서 잘 보내고 있다.

아이가 가지는 남다른 자부심과 자신감

큰아이가 속한 현재 고 2년생들은 내신이 한층 강화된 2008학년도 입시제도의 적용을 받는다. 아이들의 표현을 빌자면 '저주받은 2008학년 세대'쯤으로 해두자.

이런 이유로 특목고 입시를 준비하면서도 일반고보다 훨씬 불리한 내신등급 적용을 받는 외고를 계속 고수해야 하나 의구심을 가지기도 했다. 아이 아빠조차 "공부를 아주 잘하지 않는 바에야 외고에서 석차가 형편없으면 어쩔 거냐?"며 그냥 일반고에 보내자고 말렸다.

하지만 결국 우리 부부는 오랜 고민 끝에 "표면으로 드러나는 우월한 내신보다는 겉으로 드러나지 않는 실력을 쌓는 게 낫다."며 내실을 선택했다. 대학 입학 때 다소 불리하여 한 단계 낮은 대학에 입학하더라도 결코 외고를 포기하지 않겠다는 결론이었다. 그리고 돌이켜 보건대 후회 없는 선택이었음을 자평한다.

그렇다고 현재 큰아이 내신이 썩 좋은 것은 아니다. 그래서 때로는 스트레스를 받기도 하지만 자신의 능력을 믿고 꾸준히 발전하면 큰 문제는 아니라고 본다. 어려움 속에서도 꾸준히 길러지는 자부심과 자신감은 남다를 것이다. 서로 밀고 당기는 경쟁 속에서도 서로 돕고 염려해 주는 돈독한 우정을 나눌 수 있는 집단, 그리고 성인 뺨치는 동아리 활동 등 활발한 교내활동이 학습의 수월성 못지않은 결코 포기할 수 없는 장점이다.

이 모든 것이 명실상부한 리더십을 갖춘 엘리트로 자라는 과정이라고 본다. 여기에다 글로벌시대에 대비한 고급영어 듣기, 말하기, 작문 실력 향상은 영어교과서에 만족해야 하는 일반적인 영어수업과는 한층 차별화된다. 이렇게 영어실력이 확보되어 있으니 대학 입학 후 전공에 매진할 수 있을 것으로 생각한다.

최근에는 특목고가 논술준비에 훨씬 유리해 대학 입시에서 특목고가 더 유리하다는 이야기까지 학원가에서 나오고 있다. 이야기의 사실 여부를 떠나 우리가 택한 길이 결코 잘못된 선택은 아니었던 것을 다시 한 번 확신한다.

큰아이는 작년에 참가했던 고등부 전국 영어토론대회 출전을 올해는 포기했다. 쟁쟁한 토론자들과 3박4일간 합숙하면서 주제에 대한 집중 연구와 토론을 하는 이 대회는 자신을 돌아보고 발전을 기할 수 있는 정말 소중한 기회이다.

교내 예선에서 뽑혀 당연히 전국대회 출전 자격이 주어졌음에도 포기했다는 사실을 친구 엄마를 통해 뒤늦게 알고는 무척 화가 났다. 나는 학교에서 돌아온 아이를 다그쳤다. 아이는 자기가 리더로 있는 학교 중창단이 발표회를 앞두고 잡은 최종 리허설 날짜와 토론대회 일정이 겹쳐 고민 끝에 포기했다고 했다. 엄마와 상의하면 보나 마나 대회 참가를 강요할 것 같아 상의하지 못했다고 덧붙였다.

그래도 나는 화가 누그러지지 않았다. 그러자 눈물을 찔끔거리며 자신도 누구 못지않게 대회에 참가하고 싶었지만 동아리활동은 사실상 2학년으로 끝이 나는데, 행사진행을 총괄해야 하는 리더가 빠지면 어떻게 되겠느냐고 말했다. 엄마와 상의하지 못한 것은 정말 잘못이라면서도 이번 행사를 기획부터 마무리까지 정말 멋지게 치르고 싶다고 했다.

차근차근 엄마의 이해를 구하는 모습에 백기를 들 수밖에 없었다. 이런 활동이 리더가 되기 위한 작은 준비작업이라는 생각에 서운했던 마음을 접지 않을 수 없었던 것이다.

'이러저러한 과정을 거치면서 아이는 한층 더 성숙해지고 책임감과 리더십도 소리 없이 길러지는구나.' 마음을 가라앉히고 생각하니 믿음이 한층 더해졌다.

교육매니저의 최대 실수

선진국에서는 아이들이 어릴 때부터 토론수업이 일상화되어 있다. 자신의 주장을 논리에 맞게 다른 사람들에게 설명하고 설득하는 능력이 우리 아이들과는 다를 수밖에 없다. 우리는 토론수업의 필요성은 느끼지만 학생 수나 교사 능력, 학습도구 등 여러 면에서 공교육 안에서는 엄두를 낼 수 없는 실정이다.

이런 형편에도 불구하고 대학 입시제도에서는 논술이 도입돼 있다. 논술을 잘하려면 어릴 때부터 논리적 사고와 글쓰기가 가능하도록 토론수업과 논술교육이 이뤄져야 하는데 현실은 전혀 그렇지 않다. 사실 나는 그동안 논술교육을 너무 가볍게 생각했다. 학교에서 간간이 내어주는 글짓기 숙제나 하면 문장력은 절로 길러지고, 나이가 들면서 차차 논리력도 생길 거라고 쉽게 생각했다. 그저 책을 많이 읽으면 모든 것이 해결되리라 믿었다.

그래서 초등학교 때 아이들과 함께 도서관을 꽤 열심히 드나들었고, 방문 대여업체를 통해 책도 많이 빌렸다. 하지만 독서도 체계가 필요하고 되새김질이 필요하다는 중요한 사실을 깨우치지 못한 결과, 우리 아이들의 논술 능력은 기대에 못 미치는 형편이다. 모르긴 해도 평상시 엄마와의 대화도 성숙하지 못했음이 분명하다. 한쪽 장르로 치우친 책 읽기도 사고 폭을 크게 제한했을 것이다.

초등학생 시절은 그렇다 치더라도 중학생 아이라면 다소 무거운 주제에 대한 접근이 필요하고, 또 엄마가 관심을 갖게 유도할 필요도 있다. 중학교 때가 초등학생 시절보다 오히려 책읽기가 더 필요하고 논술 능력의 얼개를 갖추는 가장 황금 같은 시기임을 지나치고 나니 새삼 깨우쳐진다.

큰아이가 중학교 때 읽은 책은 그리 많지 않았다는 사실을 인정하기 싫지만 인정할 수밖에 없는 현실이다. 하지만 초등학생 때는 그래도 독서를 열심히 하다가 중, 고등학생이 되면 학과 공부 때문에 독서와 논리적으로 생각하기를 등한시하는 게 어디 우리 아이만의 일일까?

그 방심의 대가를 톡톡히 치르고 있다. 큰아이는 학교에서 유학반에 소속되어 있는데 논술력이 부족하니 영어 에세이에서 영향을 받는다. 결국 영어능력이 문법이나 회화능력을 뛰어넘어 자기주장을 제대로 펼칠 수 있는 능력에서 판가름나는 셈이니 안타까울 따름이다.

중학교 1학년인 둘째도 아직 누나와 별 차이가 없다. 게다가 글쓰기를 너무 싫어하고 고집까지 세어 한술 더 뜬다는 표현이 딱 맞다. 논술력을 기를 시간이 더 남아 있다는 점에서 다소 위안으로 삼는다. 둘째 또한 영어 에세이에 꾸준한 관심을 가져 영어 일기쓰기부터 시작하여 지금은 문법적인 틀을 꽤 갖추었다. 누나가 영어일기를 중1 때부터 조금씩 쓰기는 하였지만 본격적인 작문수업은 고등학생이 되어서 시작한 것에 비하면 꽤 빨라진 것이다.

둘째 또래들은 에세이 실력에서 큰아이 때와 비교해 세대차를 실감할 정도이다. 둘째는 2주에 한 번씩 영어 에세이를 써 온라인첨삭을 받고 있다. 하지만 아직도 부족한 점이 여전히 논리력이다.

큰아이를 키우며 겪은 시행착오를 반복하지 않으려고 작은아이는 6

학년 때부터 6개월 내내 싸우고 어르며 NIE(신문활용계획)를 시켰다. 논설문 수준의 주제에 접근하기에는 아이 능력상 과할 것도 같았고 거부반응을 일으킬게 뻔하였기 때문이다. 교육에 대한 남다른 열정으로 NIE학습에 공을 들인 담임선생님 도움이 컸다.

글쓰기 능력은 하루아침에 진전을 이루기 어렵다. 일기쓰기조차 싫어하는 아이를 신문기사를 소재로 한 다소 깊이 있는 읽기와 이해단계까지 끌어올린 것 같아 한시름 놓았다. 지금은 가벼운 소재의 주제를 인터넷 사이트 등에서 찾아 조금씩 논술공부에 접근하고 있다. 나 자신조차도 이러저러한 핑계로 도우미 역할을 하지 못할 때도 있어 작은아이의 논술공부는 여전히 쉽지 않다.

부모의 역할이 쉽지 않음을 이 순간 또 실감한다. 이처럼 알고 있는 사실마저도 실천하기까지는 긴 인내와 애정이 필요하다는 것을 되새기며 흐트러진 나의 자세를 다잡아본다.

공부는 하기 나름이다

중학교에 입학한 작은아이가 학교생활에 잘 적응하는지 한 학기 내 관찰하기에 바빴다. 공부도 공부려니와 고집이 세고, 사회성이 다소 부족한 편이라 여간 신경 쓰이는 게 아니었다. 이것저것 물어보기도 하고 하루 생활계획을 함께 짜보기도 하면서 동정을 살폈다. 타고난 성격이 하루아침에 고쳐지기는 어렵겠지만 조금씩 나아지는 것 같아 다소나마

안도하고 있다.

"엄마, 학원에 별로 다지지 않는 내가 늘 이렇게 졸리는데 매일 학원에 가는 아이들은 얼마나 피곤하고 졸릴까요?"

어쨌든 그런저런 이유로 학교생활이나 학급 분위기 등에 대해 자주 듣는 편인 내게 어느 날 학교에서 돌아온 둘째가 졸린다면서 소파에 누우면서 던진 말이다. "모든 것이 습관들이기 나름."이라고 이야기해 주었더니 그렇지도 않는 것 같다며 종합반 학원을 다니는 아이들 중 공부를 꽤 잘하는 친구도 수업시간에 자주 존다고 했다. 자신이 생각하기에는 수업시간 집중이 가장 중요한 공부방법이라는 얘기도 곁들였다. 아무 생각이 없는 아이로만 보았는데 '꽤 철든 소리도 하는구나.' 싶어 대견했다.

타성에 젖은 학원 출입 주의 환기 필요

사교육비가 월 지출 내역 중 가장 높은 비중을 차지한다는 통계를 보면서 과연 그것이 가장 바람직한 일인지 곰곰 생각해 본다. 스스로 찾아가며 공부할 수 있는 과목도, 자신이 알고 있는 문제풀이도 마냥 학원에 앉아 들어야 하는 '오래 잡아두기식' 학원 선택은 당연히 재고해 볼 필요가 있다. 학원비로 지출되는 돈만 아까운 게 아니라 아이들의 황금 같은 시간까지도 좀먹는다는 것을 우리 부모들은 빨리 깨우쳐야 한다.

보습학원은 말 그대로 학습이 부진하여 보충수단으로 이용하거나 학교에서는 어려운 심화학습이 필요한 학생이 선별적으로 선택하는 최후의 보루로 이용되어져야 한다.

둘째는 첫째를 키운 경험으로 조금 더 일찍 영어 공부를 시켰다. 아이마다 특성이 다르듯 듣기와 작문실력은 그맘때 누나보다 앞서지만 말하기와 영어 공부에 대한 열의는 누나보다 한참 떨어진다는 평가를 내심 내렸다.

그래서 6학년 봄학기에 단기 교환학생 프로그램으로 3개월짜리 캐나다 어학연수를 보내고 바로 영어 전문학원에 등록했다. 몇 년 사이에 확 달라진 영어 교육환경에 대한 위기감이 '학과공부와 관련된 학원은 가급적 보내지 않는다.'라는 원칙을 깨게 한 것이다. 새롭게 문을 연 그 어학원이 어느 정도 기대 수준에 미친다고 생각해 선택했다.

아이는 일주일에 두 번씩 학원을 다녔다. 그동안 아이를 관찰한 결과, 그 학원이나 우리 아이 특성상 듣기는 많이 늘었는데 독해에서 진전이 더뎠다. 작은아이는 이과 성향이 강한 아이들의 일반적인 특성처럼 외우는 것을 굉장히 싫어했다. 새로운 단어를 외우지 않았고, 숙제를 철저하게 하지 않아 더욱 그래 보였다.

9개월쯤 되자 이대로는 안 되겠다는 생각이 들었다. 그때 아이가 학원에 대한 불평을 늘어놓기에 "숙제를 제대로 하지 않을 거라면 학원 다니는 효과가 없다."며 학원을 그만두자고 했다. 어차피 독해력 향상은 책만 읽어도 충분하다고, 집에서 조금씩이라도 영어소설 읽는 시간을 더 벌 수 있다고 생각하니 답답할 일도 아니라고 판단했다.

아이에게는 "제대로 하기 싫다면 원하는 대로 능력만큼 집에서 해 보라."고 권했다. 아이는 갈등을 겪는 것처럼 보였다. 며칠이 지난 후 대형서점으로 데려가 듣기, 독해 등 다양하게 능력을 키워줄 만한 책을 고르게 했다. 아이는 이것저것 살펴보다 혼자 공부하는 게 만만하지 않다는 생각이 들었는지 한참 고민했다. 그러다가 "그래도 학원 다니는 게 편할 것 같다."며 다시 열심히 다녀 보겠다고 했다.

나는 그 자리에서 숙제를 보다 알차게 한다는 다짐을 받았다. 그 후에도 동기부여가 되지 않아서인지 영어 공부에 대한 열의가 부족하고 단어를 성실하게 외우는 것 같지는 않았지만 숙제에 대한 태도는 크게 달라졌다. 특히 독해 관련 지문을 꼼꼼하게 읽어 내용을 어느 정도는 알고 학원으로 가는 것 같다.

아이 능력보다 조금만 어려워야 흥미 느낀다

수학 공부는 외국어보다 좀 느지막하게 시작하여도 늦지 않다는 판단이다. 생각의 차이는 있겠지만 실수를 줄이고 계산력을 높이기 위해 저학년 때 주로 하는 반복식 문제풀이는 아이가 어느 정도 철이 들면 자연 극복될 것이고, 응용문제는 우리말 독해력이 완성되는 고학년이 되면 완전히 이해하고 풀 수 있을 것이라고 생각하기 때문이다.

일반적으로 길게 보아 4학년 정도까지는 수학에 전력하는 시간을 절약하고 오히려 책읽기에 더 투자한다면, 수학 공부를 깊이 있게 시작하였을 때 훨씬 큰 상승효과를 기대할 수 있다고 본다. 그렇다고 일부 교육전문가들이 주장하는 선행학습의 폐해에 대해서도 무조건 찬성하고 싶지는 않다. 아이의 능력이 받쳐주는 데도 많은 시간이 투자되는 수학 공부를 미룬다면 나중에 고등학생이 되었을 때 다른 일반 과목에 좀 더 치중할 수 있는 시간을 확보하기 어렵기 때문이다. 수학 공부에서 선행

정도는 아이의 능력에 따라 잘 판단하여 시켜야 한다.

수학에는 사고와 이해가 필요하다. 기본원리에 대한 이해가 없이 외워 푼다면 장기적으로 아이한테 득이 될 게 별로 없다. 다시 말해 단계별로 원리 이해가 충분히 이루어졌다고 생각하면 선행학습은 아무 문제가 없으며, 반대로 부족하다면 현재 중1이라 하더라도 다시 초등수학으로 돌아가 되짚어보는 융통성과 합리성이 발휘되어야 한다.

앞서 잠깐 얘기했듯이 작은아이는 이과 성향이 강하고 다른 교과에 비해 수학적인 이해도가 어렸을 때부터 우수한 편이었다. 저학년 때 수학적 원리를 만화로 엮은 〈닥터수학〉이라는 시리즈물을 도서관에서 빌렸는데, 5번 이상 반복하여 읽었다. 그저 흥미로만 읽는 것이 아니라 원리를 이해하려 했고, 특별한 관심이 가는 내용은 엄마에게 테스트를 하려 들 정도로 재미있어했다.

이와는 별개로 우리 부부는 지극히 개인적인 이유에서 둘째가 문과 전공을 택하기를 기대해 수학 공부를 깊게 시키지 않았다. 다소 평이한 문제로 선행학습을 시키다 보니 중학과정을 개념정리 정도에서는 마치게 되었다. 아이는 얼마 전부터 10-가 공통수학을 새로 시작해 3단원 정도까지 나갔는데, 다소 어려워하는 것 같아 중단시켰다. 학기 중에는 아무래도 부담스러워 방학 때 다시 시도키로 했다. 대신 중학과정 중 자신이 없는 함수부분을 다시 한 번 풀어보겠다고 하여 그렇게 하라고 했다. 하지만 푸는 양이 많지 않아 일주일에 3회, 하루에 10문제 정도가 고작이다. 그래도 학교 시험기간을 제외한 시간에는 늘 꾸준하게 수학에 노출되는 장점이 보인다.

이런 결정을 내린 것은 어려운 문제에 대한 도전도 가치 있고 아이의 능력을 향상시키는 일이지만 그보다는 자신의 능력보다 조금 어려운 정도의 문제라야 흥미를 가지고 도전하고 싶은 마음을 불러일으킨다고 생각했기 때문이다. 선진국의 수학교육이 고등학교까지는 개념만 살피는 정도라는 것도 이와 무관하지 않다. 물론 이공계 지망생이라면 또 다른 접근과 소신이 필요하다.

방법을 몰라서라기보다는 알면서도 실천하기가 어려운 게 공부인 것 같다. 이런 이유로 학습법을 늘어놓는다는 게 조금 우스운 꼴일 수도 있다. 아래에 적은 내용은 우리 아이들조차도 실감하지 못하고 잘 지키지도 못하는 희망사항쯤이라고 실토한다. 노력하고 있지만 지키기에는 아직도 역부족이라고나 할까.

일반적으로 국어 공부는 평상시 교과서에 수록된 발췌문의 원문이 수록된 저자의 책을 읽으면 감상과 이해에 도움이 되어 성적 향상을 기대할 수 있다. 말 그대로 초중고 교과서에 실린 글은 여러 학자들이 고심 끝에 선별한 황금 같은 읽을거리이기 때문이다. 모든 학습에서 교과서가 필수라는 사실을 기억한다면 쉽게 수긍하리라 본다.

역사 공부는 역사 속 인물에 대한 배경 지식이 있는 위인전과 역사소설, 역사부도 등과 함께 한다면 효과가 배가된다. 그저 교과서나 참고서만 보는 것보다 역사적인 시대상황과 흐름이 함께 잘 파악돼 이해가 쉽고 오래 기억되기 때문이다. 지리 공부는 항상 지도책과 병행한 학습법이 주효하다. 지형적 특성과 위치도 모르고 외우기만 하는 공부는 학교 시험만 지나가면 바로 잊어버리게 되어 별 효과가 없다.

위의 몇 가지 교과의 학습법은 눈앞의 학교 시험뿐 아니라 수학능력 시험과 논술고사가 요구하는 통합교과형 사고력시험에 대비하는 지름길임을 강조하고 싶다.

상처받는 걸 두려워 말고 도전하게 하라

초등학생이나 중학생에게 공부를 왜 해야 하느냐고 물으면 대개는 막연히 해야 하는 일이기 때문이라고 답한다. 큰아이도 그맘때 그랬고 지금 작은아이도 물어보면 성의 없이 그런 식으로 대답한다. 나는 그때마다 적지 않게 답답하고 조바심이 났다. 그래서 아이에게 어떤 비전을 갖게 하여 동기부여의 시동을 걸 것이냐는 숙제로 고민에 빠졌다. 동기부여를 부모가 짜놓은 틀에 아이를 끼워 맞추기식으로 강제할 수는 없다. 부모는 수단과 방법을 가리지 않고 자신들을 더 많이 공부시키려고만 한다고 생각하는 요즘 아이들은 부모가 만들어 준 목표와 미래에 대한 청사진을 좀처럼 받아들이려고 하지 않는다.

작은아이의 경우 아직 확실한 미래 설계가 없어 고민 중이라고 했는데, 동기부여와 관련된 작은 이야기 한 토막을 적지 않을 수 없다. 초등학교 때는 크고 작은 시험이 있어도 아이에게 별로 신경을 쓰지 못했고 성적도 크게 신통하지 않았다. 때가 되면 아이가 잘할 것이라는 믿음을 가지면서도 문득 불안한 마음이 스치기도 하였다.

6학년 마지막 겨울방학이었다. 이 시기는 중학생이 되기 전 마음을 잡아야 하는 중요한 시기이고 전기를 마련해야 한다는 것쯤은 누구나 잘 알고 있다. 나는 중학교에 가게 되면 새 마음가짐으로 임할 것을 은연중에 암시하면서 대형서점으로 아이를 데리고 갔다. 봇물 터지듯 출간된 아이비리그 입학생들이 쓴 단행본 코너로 가서 내가 먼저 책을 골라 읽기 시작했다. 큰아이보다 오히려 작은아이가 훨씬 큰 관심을 보이며 책을 뒤적였다. 비슷한 내용이라 어떤 책을 고를지 선택이 어려워서 서로 다른 저자가 쓴 책으로 4권 구입하였다. 둘째는 며칠 만에 이 책들을 다 읽은 뒤 관심 있었던 부분은 반복하여 읽었다.

그때까지만 해도 그저 아이에게 유익한 책이려니 생각했다. 큰아이는 그때 학교 동아리활동 등이 많아 필요한 부분만 골라 읽었고, 크게 자극받는 것 같지 않았다. 그 후, 중학교에 입학한 둘째의 태도가 눈에 띄게 달라졌다. 부족함이 많았던 아이라 변화가 더욱 크게 느껴졌을 것이다. 학습 준비, 생활, 중간고사 대하는 태도 등이 초등학교 때에 비해 크게 달라져 믿음을 안겨주었다.

중간고사가 끝난 저녁 시간, 엄마의 마음속 목표치보다는 낮은 학급 1등을 목표로 했던 둘째는 성적에 만족해하며 "엄마, 저 그때 읽었던 형, 누나들 책이 크게 도움이 되었어요. 공부하는 방법도 조금은 알게 되었고요."라고 하였다. 그때 나는 차분히 "다행이네."라고 받아주면서 겉으로는 크게 내색하지 않았지만 속으로는 쾌재를 불렀다.

부모들은 누구나 자식이 상처받는 것을 두려워한다. 나 또한 마찬가지이다. 하지만 아이들도 나름대로 강한 면이 있어 너무 두려워할 일은 아닌 것 같다. 미래에 우리 아이들이 겪어야 할 인생의 파고는 의외로 높을 것이라고 생각한다. 기왕 깨어질 거라면 일찍 깨지고 경험하는 것도 나쁘지 않다고 본다.

큰아이와 작은아이는 해마다 한 번씩 정도는 몇 가지 인증 테스트나 경시대회에 참여한다. 자신의 실력을 점검하는 기회도 되고, 잠깐이지만 다른 지역 학생들과 만나 자극을 받는 시간도 된다. 대회에서 수상을 못 하고 등급 인증서만 받더라도 작은 성과는 되는 것 같다.

작은아이는 작년 처음 개교한 특목중학교에 응시한 적이 있다. 좋은 학교라는 소문에 일반전형 경쟁률이 무려 30대 1 가까이 되었다. '학교별 2명 추천제한'까지 있었다. 나는 그냥 시험만 한번 본다고 임했는데 아이는 꽤나 욕심이 났는지 2주간 영어 에세이를 연습하면서 "나 정도 실력으로 합격이나 할 수 있을까?"라고 물어보기도 했다.

시험을 마치고 아이는 "수학이나 영어 듣기는 얼추 비슷한 것 같은데, 국어 논술과 영어 에세이는 쓱쓱 잘 써 내려가는 다른 친구들과는 달리 아무래도 자신이 없었다."고 했다. 아이의 예상대로 합격은 기대할 수 없었다. 아이는 신문 등에서 그 학교 이야기만 나오면 쩝쩝거리며 기분이 가라앉는다. 안되어 보이기도 하지만 이런 것들도 다 인생경험이라고 아이에게 말해 준다.

큰아이는 중학교 시절 주니어 영어신문 〈틴 타임즈〉 리포터로 잠깐 활동한 경험이 있다. 전문기자와 함께 사회 저명인사를 찾아 인터뷰도 하고, 자신이 직접 작성한 기사가 신문에 실리는 기쁨을 맛보기도 했다. 아이는 지금도 이것을 색다른 경험으로 기억하고 있다. 외고에 입학해서는 전경련 주최 영어 경제 토론캠프에도 참가했는데, 경제개념을 배울 수 있었을 뿐 아니라 많은 외고생들과 교류할 수 있어 좋았다고 했다.

이런 기회는 가만히 앉아 있으면 절로 오는 게 아니다. 아이들이 이런 기회를 갖기 위해 노력한다면 더 할 나위 없겠지만, 요즘 아이들은 바쁘고 시간적 여유가 없으니 엄마들의 극성이 발휘될 수밖에 없다. 요즘은 많은 공공기관들이 공익사업의 일환으로 또는 홍보를 위해 이런 행사들을 무료로 기획하는데 엄마들은 해당 기관의 인터넷 홈페이지를 뒤져 기회를 찾아야 한다.

이런 행사는 대개 일정한 자격만 가지면 참가가 가능하다. 나는 전경련, 금융감독원, 한국리더십협회, 증권업협회, 각종 박물관, 지역별 도서관, 신문사 홈페이지 주소를 즐겨찾기에 등록해 놓고 자주 방문한다. 이래저래 엄마들은 정보에 밝아야 한다.

게임과의 전쟁에서 최후의 승리자가 되다

작은아이는 여느 남자아이 못지않게 게임을 즐겼다. 집에서 게임시간을 통제하자 한때는 학교 앞 문방구 오락기 앞을 배회하느라 귀가시간이 늦어져 찾아다닌 적도 여러 번이다. 초등학교 시절 내내 아이의 최대 관심사는 '어떻게 하면 게임을 더 할 수 있을까?'였다. 때문에 꾸지람을 많이 들었고, 허락된 시간에 게임을 하면서도 엄마 눈치를 살피기도 했다. 나 또한 하루 일과를 끝내야 게임을 할 수 있게 하는 등 게임을 미끼로 별로 교육적이지 못한 행동도 서슴지 않았다.

5학년 때였다. 마약에 빠져들 듯 게임에 심취하는 아이를 지켜보며 중학교에 가면 게임은 절대 할 수 없다고 가끔씩 주지시켰다. "왜 그래야 하느냐."고 아이가 되물어 왔을 때 "중학생이 되면 학업에 좀 더 집중해야하고 책 읽을 시간도 많이 필요한데, 게임은 조금이라도 하고 있으면 하고픈 생각이 머리에서 떠나지 않아서 안 된다."고 설명했다. 아이는 아쉬운 표정을 지으면서도 목전의 일이 아니라 크게 반발하지는 않았다. 하지만 사실 그런 얘기를 하는 나조차도 고집 센 그 아이가 게임하는 것을 막는 일이 가능할지 확신이 서지 않았다.

6학년을 마치고 중학교 입학을 앞둔 작은아이를 보며 게임을 그만두게 하기 위해 어떤 충격요법을 써야 할지 고민되었다. 궁리 끝에 입학식 1주일 전을 게임주간으로 선포했다.

"이 한 주간 모든 활동을 전폐하고 게임만 하여야 한다. 그동안 예고해 왔던 대로 이후에는 게임에서 완전히 손을 끊어야 해."

아이는 아침에 눈을 뜨자마자 컴퓨터 앞에 앉아 제한시간인 밤 12시 "땡."할 때까지 쉬지 않고 게임을 해댔다. 패닉 상태가 되어 저러다 쓰러지는 것이 아닐까 싶을 정도여서 무척 걱정이 되었다. 한창 게임에 열중할 때는 밥까지 떠먹여 주는 원조를 아끼지 않았다.

"왜 이리 하루가 빨리 지나가?"

투덜거리는 아이와는 상반되게 내 일주일은 정말 더디게 흘러갔다. 약속된 일정이 끝나던 마지막 날 밤 12시는 내게 정말 역사적인 순간이었다. 게임 때문에 얼마나 많은 날을 아이와 다투었나 생각하면서 정말이지 감개무량하기까지 하였다. 그 다음날 아이는 그동안 소중히 쌓아 올렸던 게임머니를 친구들에게 넘겨주었다. 그렇게 게임과의 전쟁은 일단락되었다.

아이는 요즘도 친구들 사이의 주된 대화 소재가 게임이야기이고 그래서 교실이 소란스럽다고 늘 야단맞는다고 했다. 이 때문에 아이가 게임에 대한 관심을 아주 끊지 못하는 것 같아 조금 아쉽다. 하지만 한 학기 동안 게임에 대한 아이의 달라진 태도에 웬만큼 만족하고 있다. 언젠가 차를 타고 가면서 "게임을 아예 못 하게 되니 하고 싶은 생각도 그리 많지 않다."고 실토하기도 했다.

현재까지 약속을 잘 지키고 있지만 가끔씩 다른 가정을 방문했을 때 누가 게임을 하고 있으면 기웃거리며 기회를 보는 것 같다. 게임 사이트를 살짝 엿보며 새로운 게 있나 근황을 염탐하기도 한다. 얼마 전엔 "학교 시험에서 전교 3등 안에 들면 게임을 아주 조금만 풀어 주면 안 되겠냐?"는 조심스러운 제의를 받기도 하였다. 나는 가슴이 아팠지만 너를 위해 아빠와 의논한 내용이라며 전교 1등을 하더라도 안 된다고 단호하게 쐐기를 박았다. 지금은 내가 한없이 야속하겠지만 언젠가 엄마를 이해할 날이 있으리라 생각하며 말이다.

여행은 큰 세상을 알게 해 주는 생생한 통로

여행에도 계획과 전략이 필요하다. 아이들이 아주 어렸을 때는 친척들과 함께 경치 좋은 곳으로 어울려 다녔지만 큰아이가 고학년이 되면서부터는 여행이 보다 체계적이고 구체적이어야 할 필요성을 느꼈다.

큰아이가 6학년이 되자 교과과정을 참고해 역사와 산업 체험활동을 계획했다. 일단 지방 유적지를 신라(경주), 백제(공주, 부여)로 나누어 두 차례 다녀오고 그 이후에는 순차적으로 산업단지 탐방을 계획했다.

여수 전남지역, 포항 울산지역, 인천 안산지역, 부산 창원지역 등 크게 4군데를 돌아보았다. 또 지리적 특성별로 나눠 동해 해안도로, 강화도, 영월 태백지역, 제주도, 변산반도, 월악산 단양지역을 다녔다. 금요일 늦은 오후에 출발하는 2박 2일 여정도 있었고, 연휴를 이용하기도 하고, 명절 연휴에 앞서 고향 가는 길에 미리 내려가면서 둘러보기도 했다. 짧은 여정은 자투리시간을 주로 활용했다.

물론 주변 명소를 방문하기도 하고 사전에 방문지의 특별한 먹을거리를 조사하여 경제적인 범위 안에서 즐기기도 하였다. 되도록이면 길이 다소 험하더라도 가보지 않은 길로 가는 원칙을 지키려 애썼다. 그즈음해서 차도 9인승 레저용 차로 바꿨다. 이동 중 아이들이 피곤해하면 한 줄씩 차지하고 쉴 수 있으니 무척 편리했다.

많은 소중한 경험들이 있지만 포항 울산지역을 방문했던 경험은 아직도 새롭다. 포항제철 견학프로그램과 울산 1일 투어 산업현장 방문이었다. 포철 견학프로그램은 방학 때만 특별히 가족 단위로 진행됐는데, 홈페이지를 통해 사전에 신청했다. 아이들은 붉은 쇳물에서 서서히 검은 철제품으로 바뀌는 걸 지켜보면서 환호성을 질렀다.

울산 조선소와 자동차공장 견학은 개별 가족 단위로는 안 되고 지역 여행사를 이용해야 했다. 도크에 띄워진 거대한 산만 한 배를 건조하는 기술자들이 개미처럼 왜소하게 느껴졌다. 개미 같은 부지런함이 거대한 배를 만들었다고 생각하니 아이러니했다. 우리 아이들은 나만큼 흥분과 가슴 벅찬 감정을 느꼈으리라고 기대는 않았지만 더 커가며 어렴풋이라도 이 기억을 더듬어 볼 수 있을 거라고 생각했다.

영월 태백지구를 여행할 때는 방을 구하지 못해 애를 먹었다. 우리는 숙소를 예약하지 않고 다니는데, 이유는 현지 여건에 맞춰 발 가는 대로, 형편 닿는 대로 시간을 조정해야 하기 때문이다. 지난여름 중국 배낭여행은 실수연발이었다. 중국 현지 예약이 불가능한 탓도 있어 왕복 배편만 예약하고 출발했는데 나의 짧은 중국어 실력으로 아이들까지 고생했다. 물론 값진 경험이었음은 두말할 필요도 없다.

계절별로 다른 옷을 갈아입는 묘미가 있는 계절별 고궁 나들이, 각종 특색이 있는 전문시장 나들이 계획은 짬짬이 일요일 한나절 나들이로도 충분했다. 이것은 지방에서는 결코 누릴 수 없는 서울사람들의 엄청난 특권이기도 하다. 매캐한 화학약품 냄새가 나는 원단시장, 향내만 맡아도 치료될 것 같은 약령시장, 소름끼치는 축산시장, 비릿한 냄새 속에서도 친근한 수산시장, 온갖 잡동사니들이 다 나와 있는 황학동 벼룩시장, 전자상가, 건어물시장은 오늘도 아이들과 함께 또 가고 싶다.

여행에는 아이들이 적극 참여해야 교육효과를 거둘 수 있다. 목적지가 결정되면 아이들에게 사전조사를 시키려고 노력하며 출발할 때는 늘 지도책을 휴대하게 해 지리에 대한 감각을 익히도록 했다. 또 여행지에서는 직접 물건을 구입하게 하는 등 현지 사람들과의 접촉기회를 넓히도록 했다.

하지만 성질이 급한 엄마가 앞장서 일을 처리하기 일쑤였으니 체험활동을 잘 시켰다고 큰소리치기는 어렵다.

부부가 분담해야 할 이상적인 자녀교육 영역

우리 부부의 성격은 극과 극을 달린다. 아이들에 대한 사랑이야 둘 다 모자라고 넘침이 없지만 아이들을 대하는 자세는 무척 다르다. 엄마인 나는 조금 과하다 싶을 정도이고, 아빠는 아이들과 친구 같은 입장이라 아무런 제재도 간섭도 하지 않는다. 조금 과장하면 '가족 구성원이라 함께 지내기만 한다.'는 표현이 적절할 것 같다. 남편은 "아이들이 도움을 청하면 그제야 움직여도 부모의 역할은 충분하다."고 표현한다. 나는 조금 생각이 다르다. 적극적으로 아이들 학습을 점검하며 일상사 깊숙이 파고드는 편이다.

다행히도 남편은 자신과 다른 나의 교육철학에 별 불만을 표현하지는 않는다. 내가 오히려 남편의 그런 태도에 가끔 딴지를 거는 편이다. 아이들의 가치관이 정립되는 시기에 뉴스 등을 함께 볼 때라도 아빠가 좀 더 관심 있는 해설을 덧붙여 준다면 크게 도움이 될 텐데 하는 욕심 때문이다.

하지만 남편은 거실에서도, 식사시간에도 어디서 듣고 온 우스개 소리만 늘어놓으니 그 여유가 부러우면서도 얄밉다. 그래서인지 아이들은 나보다 아빠를 훨씬 더 좋아한다. 참 불공평하다는 생각도 들지만 아이들 정서에는 나쁘지 않겠다 싶어 나 또한 적응한다.

남편은 내가 아이들 교육을 위해 이리저리 궁리하는 모습을 보면 "자기들이 느껴서 해야지 엄마가 앞장서 애쓴다고 되냐?"고 하면서도 수고한다는 말은 잊지 않는다. 외고 1학년이던 첫째를 겨울방학을 이용해 미국 아이비리그 견학 프로그램에 보내고 싶었다. 그때 남편은 "너무 올인하지 말라."며 앞으로 기회는 얼마든지 스스로 갖게 될 것이라고 충고하였다. 남편의 생각을 접수했다. 남편의 이런 충고가 조금 오버하는 나에게 반성의 기회도 된다. 밀고 당기는 이런 양과 음의 적절한 조화가 아이들에게 좋은 효과로 작용하기를 기대해 본다.

외고에 들어간 큰아이가 남자친구가 생겼다고 실토하던 날, 나는 하루 종일 막막했다. 입학 초기 "고등학교 때 남자친구가 생기면 학업에 도움이 되지 않을 뿐더러 대인관계 폭도 줄어든다."며 "친구를 폭넓게 사귀고 특별히 한 아이를 마음에 두지는 말라."고 충고했던 상태였다. 주의를 주면서도 사람도 계획하여 사귀라고 하는 것 같아 양심에 찔리기도 하였다.

한창 이성에 대한 관심이 생길 때라는 것은 잘 알고 있었지만 걱정이 태산 같았다. 남편에게 자초지종을 얘기했더니 만사태평하던 그 양반의 얼굴이 처음엔 다소 굳어졌다. "아이고, 이제 공부는 다 했네."라고 하더니 그것도 잠시, 평상심을 찾았는지 "우리 빨리 시집이나 보내자."라며 어느새 킥킥거렸다.

늘 잔소리하는 엄마보다는 아빠가 상대 남학생의 심리를 대변할 수 있겠다 싶어 일요일 아침 아이를 안방으로 불러들였다. 말수가 많은 나였지만 이날만은 "아빠가 좀 보자 신다."라고만 하고 입을 닫았다. 아빠는 고등학교 3년의 중요성, 남학생의 입장, 대인관계의 제약 등 여러 가지를 차근차근 설명했다. 우리 부부는 큰아이가 당장에 그런 감정을 거둘 것이라고는 생각하지 않았지만 많은 부분 동의를 이끌어 냈다. 바로는 아니지만 어쨌든 그 사건은 오래가지 않았다. 요즘 아이들은 헤어질 때도 쿨 하게 헤어진다나 뭐래나.

예부터 어른들은 장남이 잘 되어야 다른 자식들도 올곧게 자란다고 강조했다. 우리 집도 예외 없이 누나의 일거수일투족이 동생의 본보기가 되고 있다.

"엄마, 나도 누나처럼 저렇게 공부해야 해?"

"나도 누나처럼 어학연수 가야 해? 가기 싫은 데……."

"나도 중학생 되면 게임 못 해?"

둘째는 평소 무슨 말을 한 것도 아닌데 누나라는 역할모델의 틀에 자신을 가두는 발언을 한다. 형제는 혈연관계이지만 일부 경쟁 성격의 관계라고 사회학자들은 이야기한다. 둘째는 누나를 보고 이래야 되나 저래야 되나 자신을 저울질한다.

공부를 잘하면 좋겠지만 못해도 문제없다고 늘 얘기하는 아빠가 그리 흔하지는 않을 것 같다. 또 살아가는 방법은 여러 가지며 무슨 일을 하든지 문제가 되지 않는다고 한다. 아빠가 공부 못해도 문제없다고 얘기하는 그 순간에도 아이들은 누구나 공부를 잘하고 싶어한다.

역으로 내가 "공부 좀 열심히 하라."고 잔소리하는 순간에도 아이들의 생각과 행동은 기존 입장에서 크게 많이 달라지지는 않는다. 물건 살 때 잔소리처럼 "좋은 걸로 주세요."라고 하나 마나 한 소리를 하는 것처럼 말이다.

이런 진리를 알면서도 늘 망각하고 같은 실수를 되풀이하는 나, 바른 길로 인도는 하되 지나친 간섭과 앞서가기가 아이의 자립심을 망가뜨린다는 것을 다시 한 번 되새기면서 특목고에 아이들을 보낸 경험을 가진 다른 엄마들과의 이번 원고작업이 아이들에 대한 바람직한 부모상을 점검하는 중요한 반성의 계기가 되었음을 한편으로 감사하게 생각한다.

외국어고 진학 성공 POINT

1. 영어는 공부가 아닌 놀이쯤으로 습관처럼 몸에 배어들게

공부를 즐기는 학생은 정말 드물다. 그렇다면 기왕이면 공부를 놀이처럼 할 수 있는 방법을 찾아야 한다. 다른 교과목과는 달리 영어 공부만큼은 그것이 가능하다고 생각한다. 한번 취미를 붙여 자신이 다른 친구보다 영어를 잘한다는 자부심이 생기기 시작하면 그 다음은 멍석만 깔아주면 된다. 자신이 의욕을 가지고 찾아하게 마련이기 때문이다.

2. 지나치게 오랜 기간 학원에서 보내게는 하지말자

가방 들고 왔다 갔다 한다고 공부 열심히 하고 있다고 생각하지는 않는지 한번쯤 되돌아보자. 학교에서 같은 시간 같은 선생님 밑에서 공부해도 성적은 천차만별이듯이 많은 비용 들여서 다니는 학원도 마찬가지이다.

밤늦은 시간까지, 그것도 매일 반복되는 일상의 타성에 젖어 의욕도 효과도 반감되지나 않는지 생각해 볼 일이다.

3. 본인이 목표의식을 가져야 공부추진력이 생긴다

자극을 주는 여러 가지 방법을 구사하자. 명문대에 간 친척 형, 오빠를 만나게 하거나 명문고, 명문대를 방문하게 하든지, 유명인사가 하는 강연회에 참여하게 하든지 서점에 가서 성공 스토리를 본인이 골라 읽게 하든지 방법은 여러 가지이다. 공부하라는 잔소리보다 이렇게 전략적으로 노력하면 백배 효과가 나타난다.

4. 길게 보고 꾸준히 공부한다

고등학생이 된 학부모들이 수능 모의고사에서 영어 점수가 안 나온다며 공부법을 물어 오면 조금 난감하다. 영어 공부는 긴 시간을 두고 꾸준한 노력이 필요하다. 그래서 입시가 목전인 학생에게 이리저리하는 게 좋겠다며 영어 공부에 긴 시간을 할당하라는 말은 사실 어불성설이다.

결국 영어 공부는 조금 일찍 자신에 맞는 공부법을 찾아 꾸준히 공을 들여야 한다.

5. 우수한 그룹 속에서 공부하면 효과가 배가 된다

결국 외고로 진학하고 싶어하는 이유와도 통하는 이야기지만 우수집단에 소속되어 공부하면 발전하는 정도가 수월하다. 보고 배우고 느끼기 때문이다. 가능하다면 부모가 도울 수 있는 한도에서 좋은 환경을 만들어 주자.

6. 부모도 함께 공부하고 노력하는 모습을 보여주자

부모가 뭐든지 훤히 꿰뚫고 있는 집 자식은 난관에 부닥치면 의논하려 한다. 대화가 많아지기 마련이다. 대화가 많은 부모 자식 간은 절대 빗나가지 않는다고 한다. 잔소리가 아닌 조언 정도로, 그리고 좋은 공부환경을 제공한다면 100점 부모랄 수 있다.

힘은 들겠지만 아이들이 외고 입시를 준비한다면 그동안만이라도 부모도 가벼운 목표를 정해 공부를 한 가지씩 하는 것도 훌륭하다. 그것도 부담된다면 〈삼국지〉나 〈왕비열전〉같은 재미난 소설류 읽기라도 도전하자.

3

공부가 꼭 공부이어야 할 필요는 없다

사회 과목 안에선 지도찾기 놀이를, 영어를 통해선 이미 익숙한 동화들을 더 재미있게 읽을 수 있는 방법을 배울 수 있다. 역사 공부를 하며 만나는 인물들의 얘기는 또 얼마나 재미있는지. 지금 한창 인기 있는 '주몽'과 '소서노'도 역사 과목 안에 숨겨져 있는 것들이 아닌가.

아이와 함께 각 과목 속에 숨겨져 있는 놀이의 요소를 찾아보며 공부에 재미를 더하게 했다.

글쓴이 : 최인숙
둘째를 이화외고에 보냈습니다. 현재 현대해상화재보험 설계사로 근무 중인 직장엄마. 아이들과 함께 할 시간이 많은 직업이라 보험설계사를 선택했고, 실제로 방학이면 출근도장만 찍고 아이들과 함께 했습니다. 공부 잘하는 아이보다 성격 좋은 아이로 키우려고 노력했습니다.

어느새 고3이다. 우리 집 둘째 얘기지만 대한민국의 수험생이라면 누구나 걸리기 마련인 고3병을 함께 앓고 있으니 나도 고3인 셈이다. 동병상련이란 말을 실감하는 엄마들도 있을 것이다. 쏟아지는 잠과 씨름하느라 허벅지를 꼬집다가도 시도 때도 없는 불면의 밤을 보내기 일쑤이다.

과민성 소화불량, 신경성 위장장애, 난데없는 생리통, 거뭇거뭇한 기미, 습관성 변비, '불치의 병' 짜증, 그리고 의사도 고개를 갸웃하게 하는 기타 등등의 이름 모를 증상들. 고3인 우리 둘째가, 내가, 아니 온 가족이 함께 앓고 있는 병이다.

우리 집 달력엔 계절이 없다. 봄, 여름, 가을, 겨울의 사계가 저마다의 자태를 뽐내건만 애써 계절을 잊고 산다는 표현이 더 어울릴지도 모른다. 오직 수능시험일인 D-DAY를 향해 가위표로 하루하루를 지워 나가는 달력엔 날짜도, 요일도 의미가 없어진지 오래이다. "오늘이 며칠이냐?"고 묻는 남편에게 "D마이너스 40일."이라고 대답한 적도 있었다면 독자들은 믿을까.

잠깐 짚어두고 가야 할 것 같다. 이만큼의 서두에서 혹시 내가 불평이나 하려는 것으로 생각한다면 "Never, Never.", 그것은 결코 아니다. 지금 나는 우리 가족의 행복한 여행기를 적으려는 중이다. 무거운 배낭을 지고 땀을 흘리며 오른 산의 정상에서 깊은 호흡과 함께 저 아래를 내려다 본 경험이 있다면, 그리고 크게 저 건너편 봉우리를 향해 "야호." 하고 외쳐본 적이 있다면 지금 내 심정을 이해하리라.

장거리 여행을 떠나다

의과대 진학을 고집하다가 재수의 쉼표를 거치긴 했지만 큰딸의 약대 입학, 그리고 꼭 3년 전 작은딸의 이화외고 입학을 통해서 우리는 이미 두 개의 봉우리에 올라 본 경험이 있다. 이제부터 둘째딸을 데리고 떠났던 특목고 정복의 산행일지를 차근차근 펼쳐보이련다.

등산에 앞서 주의할 점은 이 등산이 마을 뒷산을 오르거나 2박3일쯤의 짧은 산행이 아니라 우리 아이의 삶이라는 전투에 유리한 고지를 점령하려는 길고 긴 여정이라는 것, 단거리 경주가 아니고 42.195km를 완주해야 하는 마라톤이며 다른 경쟁자들은 이미 저만큼 앞서 출발해 있고 바로 뒤엔 또 다른 경쟁자들이 바짝 추격해 오고 있다는 것이다. 단거리 경주라면 기술이 승패를 좌우하겠지만 장거리 경주엔 역시 지구력, 끈기가 승패를 가름하는 분수령이 될 것이다.

큰딸과 3년 터울인 둘째는 지금 이화외고 3학년에 재학 중이다. 꼭 3년 전, 이화외고 합격자 발표날에는 외고가 아니라 서울대라도 합격한 듯 마냥 기쁘고 행복했다. 아직도 여행은 또 다른 여정을 남겨두고 있긴 하지만 사실 이 여행의 처음은 아무리 늦잡아도 지금부터 7년 전, 둘째의 초등학교 6학년 겨울방학 때부터 시작되었다고 해야겠다.

초등학교 6학년 겨울, 영어 수학 체계를 잡다

초등학교와는 판이하게 다를 중학교 생활을 앞두고 기본 과목을 미리 경험시켜 주겠다는 생각으로 중등 대비 학원에 보내 영어, 수학을 배우도록 했다. 영어교육은 초등 저학년부터 해오긴 했지만 영어에 흥미를 심어주기 위한 놀이 수준에 그치던 것이어서 중학영어를 대비해 듣기와 문법 등의 체계를 잡아줄 필요가 있었다.

산수와 수학의 차이를 미리 경험하게 해 주는 것도 중요했다. 계산이 아니라 공식을 대입시켜야 풀 수 있는 문제들은 미리미리 기초를 닦아놓는 것이 꼭 필요했다.

우리 아이가 소위 말하는 영재라면 걱정할 게 전혀 없겠지만 그저 평범한 아이에게 놀이보다 공부가 더 재미있을 수도 있다는 걸 확인시켜주는 일은 온전한 엄마의 몫이었다. 공부와 놀이를 함께 하며 공부 안에서 재미를 찾을 수 있도록 유도하는 것이 중요했다.

사회 과목 안에선 지도찾기 놀이를, 영어를 통해선 이미 익숙한 동화들을 더 재미있게 읽을 수 있는 방법을 배울 수 있다. 역사 공부를 하며 만나는 인물들의 얘기는 또 얼마나 재미있는지. 지금 한창 인기 있는 '주몽'과 '소서노'도 역사 과목 안에 숨겨져 있는 것들이 아닌가. 미술과 음악이야 이미 놀이인지 공부인지 모를 정도이고 국어도 이야기책과 다름없는 등 아이와 함께 각 과목 속에 숨겨져 있는 놀이의 요소를 찾아보며 공부에 재미를 더하게 했다.

중요 과목에 편중하여 기타 과목을 소홀히 하는 학습편식을 막아주는 데 도움이 된 방법이었다.

둘째는 과학 과목을 재미있어했다. 컴퓨터공학을 전공한 아빠의 영향을 받아서인지 어려서부터 각종 기계에 관심을 보이곤 했다. 이럴 때 엄마들은 곧잘 환상에 빠지게 마련이다. 미술대회에서 상장이라도 받아오면 혹시 화가나 디자이너로서의 소질은 없는지, 음악콩쿠르에서 피아노라도 칠라치면 '정트리오'를 갖다 붙이며 피아노 조기유학이라도 시켜야 하는 건 아닌지 호들갑을 떨어본 경험이 있는 것처럼, 나도 당장 우리 아이가 과학영재일지도 모른다는 환상에 빠져 소그룹 과학 과외를 시켰다. 그때가 3학년 때였다.

4~6학년에는 서울 서부 교육청에서 운영하는 과학프로그램에 줄곧

참여시키기도 했다. 초등학생으로는 버거울 만한 과제의 실험들을 주로 다루었는데 무척 열심이었던 것 같다. 하지만 천재성은 발견되지 않았고 오히려 수준 이상의 실험들을 계속하다 보니 과학은 어려운 분야라는 선입견을 심어 주었을 뿐이었다.

영어는 초등학교 3학년 때부터 시작한 셈이다. 어려서부터 언니의 학습지를 어깨너머로 들여다보며 따라 하는 것이 신통해서 5살 때 국어, 영어, 산수 학습지를 처음 시작했는데, 아이는 그중에서도 영어에 제일 흥미를 보였다. 3학년이 되면서 전화로 대화식으로 영어를 배우는 '윤선생 영어교실'을 시켰다. 가격이 저렴해 부담이 없었고 매일 아침에 전화로 체크를 받으니까 영어 공부를 지속적으로 할 수 있었다. 3년 정도 시켰다.

5~6학년 때는 원어민 강사를 집으로 불러 그룹과외를 시켰다. 가까운 또래 아이들 4명이 모여 일주일에 한두 번 놀이식으로 영어를 배웠다. 문법이나 회화 위주가 아니고 놀이식이라 아이들이 좋아했고 영어가 빨리 늘었다. 원어민 강사는 새로운 단어를 벽에 적어두고 외우도록 했다. 중학교 때에도 계속하고 싶었지만 원어민 강사가 미국으로 돌아가 버리는 바람에 더 이상 할 수 없었던 게 늘 아쉬움으로 남아 있다.

물론 원어민에게서 배웠다 하더라도 회화가 가능한 정도는 아니었고, 단어를 많이 외운 정도였다. 나는 아이가 배운 것을 응용할 수 있도록 바깥에서 외국인을 발견하면 손짓, 발짓을 해서라도 말을 걸어보도록 많이 유도했다.

공부가 꼭 공부이어야 할 필요는 없다

이 원어민의 놀이식 영어학습을 지켜보면서 정말 중요한 점을 배웠다. 공부가 꼭 공부일 필요는 없다는 것, 동기(놀이)만 부여되면 아이들은 스스로 노는 방법(학습효과)을 터득해 간다는 것이다. 그래서인지 우리 아이는 지금도 영어를 제일 좋아하고 자신 있어 한다. 재미있어 한다는 표현이 더 어울릴 정도이다.

과학적인 특기, 적성, 소질이 있다고 믿어졌던 우리 아이가 과학고가 아니라 외국어고에 다니게 된 것이 설명이 되었는지 모르겠지만 내가 하고 싶은 얘기는 절대로 자녀를 영재, 천재로 믿지 말라는 것, 다만 모든 가능성을 열어 두고 더 많은 기회를 만들어 주라는 것, 그러면 아이 스스로 길을 찾아간다는 것이다.

사실 영어 교육은 빠를수록 좋다. 유아 때는 〈톰과 제리〉 같은 원어로 된 비디오를 많이 보여주었다. 아침엔 TV대신 비디오테이프나 오디오테이프를 틀어주었다. 듣든지 말든지 무조건 틀었다. 〈소공녀〉 등 동화책에 달린 오디오테이프, 〈영어나라〉 비디오테이프 등이었다. 아이가 6살 때 컴퓨터로 게임을 시작했는데, 이때도 가능하면 영어와 관련 된 것을 하게 해 영어 맛보기를 시켰다.

"가랑비에 옷 젖는다."는 속담대로 아이는 조금씩 조금씩 영어에 젖어 들었다.

유아용 영어교재에서부터 초등 저학년 때에는 영어로 된 동화, 만화, 비디오 등의 시청각자료, 초등 고학년 때는 대화식 영어교육 등으로 수준에 맞는 선택도 정말 중요하다. 최근 많이 들어선 영어마을도 영어학습에 대한 훌륭한 동기부여가 된다고 본다.

내 경험을 토대로 말한다면 초등저학년 때에는 예능학원, 선행학습 학원 등에 보내는 것이 좋다. 학교생활에 적응이 필요하듯 학원에도 적응이 필요하다. 특히 학원수업은 교과과정을 압축한 형태로 진행하기 때문에 적응훈련이 필수이다. 더군다나 앞으로 중, 고등 6년 동안 다니게 될 학원교육의 성패가 첫 단추를 어떻게 끼우느냐에 달려 있다.

학교와 학원 간의 학습 진도가 꼭 같을 수는 없는데 그 차이를 효율적으로 극복할 수 있어야 학원교육이 효과를 보는 것이다.

중학생이 되면서 학습일지를 쓰게 하다

중학생이 되었다. 언제나 자녀교육의 첫걸음은 자녀와 눈높이를 맞추는 것이다. 아이는 미리 중요 과목을 경험한 덕분에 성적은 상위권을 유지했다. 아직 최상위권은 아니지만 충분한 가능성은 확인했으니 앞서 겨울방학 때의 선행학습 덕을 톡톡히 본 셈이다. 중학생이 되면서 공부방법에 작은 변화를 주었다.

우선 초등학생 때부터 써오던 일기를 학습일지로 바꿔 쓰도록 유도했다. 때로는 단어장이 되었다가 어느 날은 오답노트가 되고 가끔씩 그 전의 일기장과 다를 게 없는 등 몇 번의 시행착오를 거치면서 차츰 학습계획이며 과목별 목표설정 등의 체계가 잡혀갔다. 하루, 일주일, 한 달의 학습계획을 세우고 실천하는 과정에서 스스로 공부하려는 의욕이 높아지고 자기중심의 학습습관이 형성되었다.

학습일지를 쓰게 되면서는 불필요한 중복을 피하게 되고 부족한 부분을 미리미리 체크할 수 있어 집중, 보완이 가능해졌다. 물론 계획 대 실천의 % 향상을 통해 얻을 수 있었던 성취감은 아이에게 할 수 있다는 자신감도 함께 심어 주었다.

밤마다 잠자기 전에 영어 듣기를 하게 된 것도 중요한 변화 중의 하나였다. 외국어 공부는 먼저 귀가 열려야 입이 열린다는 진리를 실천에 옮긴 것이기도 하지만 자투리 시간을 효율적으로 활용할 수 있어서 일거양득의 효과를 얻었다. 다른 과목도 마찬가지이지만 성공적인 영어 공부는 습관이 좌우한다는 진리도 발견했다.

영어 공부는 문법과 단어 위주로 했다. 단어를 많이 외우게 했다. 어렸을 때부터 "네가 남들보다 영어를 잘 하려면 적어도 7,8천개의 단어는 알아야 한다."고 강조해왔던 터였다. 숙제는 꼭 하도록 버릇을 들였다. 혼내면 반발할까 싶어 강압적으로 시키지 않았지만 이미 아이의 마음 한 구석에 외고를 가야겠다는 막연한 의식이 자리 잡고 있는 듯 열심히 했다. 학원 공부 외에 개인적으로 문제집을 열심히 풀었다. 영어는 지금도 수능 모의고사에서 거의 만점이 나올 정도이다.

수학 공부에도 변화가 있었다. 수학 전문학원 강사였던 아이 이모부의 조언을 받아 문제집 위주의 참고서를 적극 활용했다. 확실히 수학은 공부하는 학생은 물론 이를 지켜보는 학부모에게도 가장 어려운 과목임이 분명하지만 해법은 오히려 단순한 곳에 있었다. 진도에 따라 차근차근 맞추어 나가는 것, 예습이 아니라 철저한 복습이 필요한 과목이라는 이모부의 조언대로 배운 범위 내에서 반복학습을 시켰다. 많은 유형의 문제를 접해 보도록 하고 특히 심화문제의 풀이에 다각적인 접근을 시도하도록 했다. 평균 한 달에 한 권 정도의 문제집을 풀게 했고, 풀리지 않는 문제는 꼭 정복하고 넘어가는 습관을 길러 주었다.

수학은 참고서, 문제집을 적극 활용해 예제문제, 기출문제 등 많은 문제를 접하게 되면 어떠한 문제라도 당황하지 않고 풀 수 있게 된다. 오답노트의 활용은 필수, 철저한 복습과 반복학습은 수학 공부의 첩경이다. 수학엔 지름길이 없는 것이다. 학원에 다니면서도 다섯 살 때부터 해오던 학습지를 중2 때까지 계속했다.

자신감이 생기면서 스스로 목표를 세우다

2학년 2학기가 되면서 성적에 자신감이 생기자 아이 스스로 특목고 진학의 목표를 세웠다. 아이는 외고 중에서도 집에서 가깝고 여학생만 다니는 이화외고를 가겠다고 했다. 솔직히 나와 남편은 특목고 진학에 반대하는 편이었다. 대학 입시만으로도 충분히 힘겨운 싸움을 하게 될 아이에게 고등학교까지 입시를 거치게 하고 싶지 않았고, 또 사실 특목고 프리미엄도 이미 거품이 많이 빠진 터여서 굳이 특목고 진학의 필요성을 절감하지 않았다.

지금은 우리도 아이의 선택이 옳았었다고 믿지만 그때는 정말 많이 고민하였다. 우수한 인재들 가운데서 잘할 수 있을까? 인재는 특목고에 더 많이 몰리는데도 정작 대학 입시에서는 특목고가 불리했다. 서울대 같은 경우에는 보통 한 학교에 세 명밖에 수시 지원이 안 된다. 특목고라고 더 주는 게 아니니까 불리할 수밖에 없다.

이런저런 여러 가지가 마음에 걸리자 집에서 가까운 여고로 보내려고 아이 몰래 집 주소를 다른 곳으로 옮겼다. 하지만 아이는 무슨 일이 있어도 이화외고를 가겠다면서 걱정하지 말라고 말했다. 나는 아이에게 "너는 일반고에서도 잘할 수 있는데, 왜 굳이 외고에 가려고 하느냐. 일반고에 가면 네 실력으로도 충분히 서울대에 갈 수 있다." 고 설득했지만 아이는 외고 진학의 꿈을 버리지 않았고 자신의 결정을 믿어 달라며 확신에 찬 주장을 굽히지 않았다.

공부는 원래 본인이 원해야하는 것이고 부모가 이래라 저래라 할 수 있는 것이 아니라는 것을 잘 알고 있었기에 아이의 의견을 존중해 주기로 했다. 네가 원하고 노력한다면 무엇이든지 잘할 수 있다고 믿어주고 격려해 주었다.

무엇을 목표로 공부할 것인지 정하고 그 목표달성을 향하여 자신의 실력을 업그레이드시키며 더욱 많은 노력을 할 준비가 되어 있다면 도전은 항상 아름답다고 믿는다. 돌이켜보건대 가능하다면 아이 스스로 선택하게 하는 게 중요하다. 그것이 꼭 특목고 진학이나 공부에 대한 것이 아니더라도 자신의 선택에 책임질 줄 아는 사람으로 자라준다면 그것만으로도 충분한 성공이 될 수 있다고 믿는다.

시간, 체력, 자신과의 싸움 1년

아이는 특목고 진학을 준비하기 위해 특화된 학원을 필요로 했고 중3이 되어서 집 가까이에 있는 특목고 입시 전문학원을 다니게 되었다. 일단 목표가 확실해지자 공부에 가속도가 붙는 느낌이 들 정도로 더욱 열심히 공부했다. 외국어고 입시에서 영어와 수학의 비중이 높긴 하지만 기타 과목의 중요성도 가볍게 보아서는 안 된다는 생각에 학원수강 이외의 시간에는 국어, 사회, 과학 등의 공부시간을 늘리도록 했다.

학원에서 수학은 그룹과외식으로 고1 과정까지 마쳤다. 당시 외고 입시 수학문제는 올림피아드 형식으로 5문제가 나왔다. 요즘은 영어시험만 치르지만 그때는 국어, 수학이 어려워 당락을 좌우한다고 할 정도였다. 그 학원에서 시험을 앞둔 막판에는 엄청난 양의 숙제를 내주었다. 혹사라는 말이 더 정확할 정도였지만 아이는 그 숙제를 다 소화해냈다. 숙제를 제대로 하지 않고도 공부에 성공했다는 이야기는 지금까지 들어보지 못했으니 숙제관리가 중요한 건 두말할 필요가 없다.

학원에서는 12개 반을 두고 수준에 따른 우열반을 운영하고 있었는데, 1반 안에 들면 거의 외고에 진학할 수 있었다. 실제로 2반으로 밀리면 1반으로 올라오기 어려웠다. 누구나 열심히 했기 때문이다. 아래 반으로 밀리기 싫으니까 더 열심히 했다.

외고 진학에 특목고 전문학원의 도움이 컸었다는 건 꼭 이야기해야겠다. 각 특목고마다 전형방법과 과목이 틀려서 혼자 준비하기는 정말 어렵다. 그 학원에서는 아이가 지망하는 이화외고의 시험패턴을 분석해서 맞춤형 교육을 시켜주었다. 아이는 학원에 다니던 1년여 동안 새벽 2시 전에는 자본 적이 거의 없었다. 그만큼 의지가 강했다. 지금 생각해 보면 거의 혹사라는 말이 어울릴 정도의 학원수업이었지만 잘 참고 견뎌 준 아이가 대견스럽다.

학교 공부도 물론 중요하지만 특목고 진학을 위해서는 전문학원의 도움을 꼭 권한다. 같은 목표를 가진 학생들이 모여서 치열하게 경쟁하며 공부하는 가운데 '꼭 합격하겠다.' 는 오기가 생기더라는 딸아이의 말이 실감난다.

아이가 입시 전문학원에 다니기 시작하면서 본인은 물론이지만 온 식구의 라이프스타일에 심각한 변화가 생겼다. 학교에서 곧바로 학원으로 가서는 밤이 깊어서야 돌아오는 둘째를 중심으로 시간표를 짜야 할 정도였다. 시간과의 싸움이고, 체력과의 싸움이 시작되었다. 첫째가 대입 수능시험을 앞두고 있는데다 둘째까지 고입수험생이 되다 보니 집안에는 그야말로 초긴장이 감돌았다.

공부는 스스로 하는 거라고 말하지만 부모 마음이야 어디 그런가. 좀 더 잘할 수 있도록 환경을 조성해 주어야 하고 입시 중압감을 이겨낼 수 있도록 체력보강도 시켜 주어야 한다. 공부로 인해 받는 스트레스야 어쩔 수 없다지만 공부 이외의 것들로부터 받게 될지도 모를 스트레스를 막아 주기 위해 최대한 노력했다. 참 어려운 시간이었다.

아이는 이화외고에 일반전형으로 지원했다. 국어, 영어, 수학 등 주요 과목 내신 성적이 좋았고 나머지 과목들도 관리가 잘 되어 있었다.

새벽 2시가 되어야 잠자리에 들고 아침 6시에는 일어나야 하는 시간과의 싸움, 꼭 이렇게까지 하며 특목고에 진학시킬 필요가 있나하는 의구심, 우리 집 형편으론 감당하기 어려운 경제적 부담, 맞벌이부부의 한계, 큰아이의 당면한 수능 준비 속에서도 우리는 해냈다. 합격발표가 나던 날, 남다르게 신경을 쏟았던 남편의 눈에도 눈물이 살짝 비쳤다.

차라리 일반고로 전학을 가자

아이가 외고에 진학한 뒤 성적이 좋지 않았다. 고1, 2학년 때 공부를 별로 하지 않았다. 아이는 장이 좋지 않고 스트레스에 민감해 대하기가 좀 조심스러운 편이다. 너무 힘들어하니까 엄마가 말하지 않고 넘어가는 부분도 있었고, 둘째라고 풀어준 것 같기도 했다.

하지만 이보다는 온 신경을 쏟았던 첫째가 목표로 한 의과대학에 진학하지 못하고 재수 끝에 약대로 가는 바람에 충격을 받았던 내가 둘째를 잘 관리하지 못했던 잘못이 크다.

그때 충격으로 나는 한 2년 우울증에 시달렸고 치료를 받았다. 인생을 헛살았다고 생각했다. 더 이상 아이들에게 매달리지 않겠다며 매일 산으로 향했다. 1박 2일 배낭여행도 많이 다녔다. 경상도로, 전라도로 발길 닿는 곳이면 어디든 정처없이 떠났다. 산에서 울기도 많이 울었다. 우스운 이야기이지만 그 바람에 몸무게가 11kg이나 줄었다. 내가 봐도 날씬한 중년이다. 날씬해지고 싶은 사람은 산에 가서 실컷 울면 큰돈 들이지 않고 톡톡히 효과를 볼 수 있다고 장담한다. 나보다 아이들에게 더 많은 관심과 애정을 쏟았던 남편은 그때 드러누워 일어나지도 못했다.

"처형, 나 미칠 것 같아." 남편이 한동안 언니에게 털어놓던 하소연이었다.

첫째 때문에 상심하고 낙담한 엄마는 둘째에게 관심을 쏟을 수 없었다. 어쩌면 "인생은 각자 사는 거다."라면서 애써 외면했기 때문인지도 모른다. 성적이 안 나오자 2학년이던 아이에게 일반고로 옮기자고 했다. 공부를 제대로 하지 않는다면 학비조차도 부담스럽다고 했다. 그랬더니 아이는 "대학에 못 가더라도 외고를 나온 거 후회하지 않겠다." 면서 울었다. 아이에게 미안했다. 큰애한테는 남들 하는 정도의 노력을 기울였지만 작은애한테는 그렇게 하지 못했다. 변변한 학원 한 번 보낸 적이 없었다.

큰애의 경우 중학교 때는 학원에 보내지 않고 집에서 그냥 영어, 수학만 시켰다. 그래도 잘 해냈다. 그러나 고등학교에 가서는 상황이 조금 달라졌다. 다들 열심히 해서였는지 성적이 기대한 만큼 나오지 않았다. 그때부터 마음이 급해지면서 1등을 찾기 위해 학원에 보내기 시작했다. 첫째한테로 손이 가다 보니 외고에 진학한 둘째는 이과반인데도 과학학원에 보내기가 쉽지 않았다.

첫째와 둘째는 성격이 좀 달랐다. 욕심이 많은 언니는 집안이 힘들어도 자기 공부를 위해서는 동생 밑으로 들어갈 돈까지 써야 직성이 풀렸다. 엄마가 힘들어도 자기가 공부할 것은 해야 한다는 스타일이었다. 둘째는 달랐다. 엄마가 힘들어하는 걸 보고는 뭐 하나 뚜렷하게 해달라는 게 없었다. 엄마가 부담스러워 할까봐 혼자 감내하고 밖으로 드러내질 않았다. 이래저래 둘째는 손해가 컸다.

아이는 언니의 영향을 받아서인지 약대나 치대 진학을 희망하고 있다. 다행히 인터넷 강의를 중심으로 꾸준히 공부해 성적은 반에서 중간쯤은 유지하고 있다. 집중력이 있어 그나마 가능했다고 본다. 학원은 고3이 되어서야 보냈다. 제때 투자를 못한 점이 둘째를 키우면서 가장 아쉽고 후회된다. 아이 혼자 잘한다고 되는 게 아니라 부모가 환경을 조성해줘야 한다는 걸 엄마들이 꼭 기억해 주면 한다. 모든 일이 그렇듯 교육에도 다 때가 있는 법이다.

그런 둘째가 3학년이 되어 수능시험을 앞두게 되자 가슴이 너무 아팠다. 수능시험을 앞두고 시작한 100일 기도는 그래서 더욱 간절하다.

사회가 필요로 하는 사람으로 키운다

딸 둘을 키우면서 우리 부부는 사회가 필요로 하는 사람으로 키우는데 의견일치를 보았다. 그래서 의사가 하는 일이 궁금하다고 하면 병원으로 데려가 이것저것 보여주기도 하였고, 변호사에 대해 궁금해하면 법정 구경을 시켜주기도 했다.

유치원 때부터 아이들을 보육원에 데리고 다닌 것도 같은 이유에서였다. 그 보육원은 남편이 대학교 1학년 때부터 봉사활동을 하던 곳이었다. 어릴 때는 그곳 아이들과 밥을 같이 먹고 설거지를 같이 하도록 했다. 여름방학 때는 시간만 나면 데리고 갔다. 중학생이 되어서는 보육원 아이들에게 책을 읽어 주고, 놀아도 주며, 빨래도 하게 했다. 고2 때까지 봉사활동을 시켰다. 불쌍한 사람을 보면 그냥 지나치지 말고 도와주고, 네가 훌륭한 사람이 되어 저런 부분을 책임질 수 있어야 한다고 했다. 그런저런 이유로 우리는 특별히 가족끼리 여행을 간 기억은 별로 없다.

리더십을 키워주기 위해 다양한 활동을 시키다

미술을 좋아하는 첫째 덕에 갤러리 나들이도 잦았다. 첫째가 두 살 때 우리 집은 벽화로 꽉 찬 집이기도 했다. 아빠가 하루에 한 장씩 전지에 큰 그림을 그려 벽에 붙였기 때문이다. 모유를 고집하고 우유를 먹이지 않은 정성으로 키웠다. 성장단계별로 아이 영양과 두뇌에 어떤 것이 좋은지 연구해 좋은 것만 해 주었다. 인스턴트 음식을 되도록 먹이지 않고 직접 만들어 먹였다. 현미 같은 것은 화분에 키워서 먹였다. 아이한테 아토피가 심해서 더 신경을 썼다.

책읽기는 성장단계별로 체계적으로 이끌었다. 어릴 때는 책을 많이 읽어주었다. 책읽기가 습관이 된 아이는 엄마에게 책을 읽어달라고 졸랐다. 4~5살 때쯤에는 책을 읽은 후 내용을 엄마한테 말해 보라면서 대화를 많이 주고받았다. 6살 때부터는 큰 서점에 직접 아이들을 데려갔다. 시리즈 도서를 10권이고 20권이고 사왔고, 읽은 뒤에는 느낀 점을 꼭 적으라고 했다.

일기에 쓸 내용이 없으면 책 내용을 쓰기도 했다. 그러면 엄마가 일일이 코멘트를 달아주었다. 밑줄을 그어주면서 이런 점이 좋고, 저런 점은 이런 식으로 표현하면 좋겠다고 고쳐 주었다. 그렇게 만든 일기장을 나중에 책으로 만들어 주었다.

방학 때 주어진 탐구활동 숙제는 아이들과 같이 하나씩 실험해 완성했다. 형편이 좋지 않아 학원 같은 데는 많이 보내지 않았지만, 최선을 다했다. 아이에게 해 주고 싶은 것들은 많은데, 솔직히 해줄 형편이 되지 않았다. 그래서 문화센터를 주로 이용했다. 구청 문화센터는 너무 멀어 집 가까이 있는 언론사 문화센터를 이용했다. 처음에는 한 번은 동화 구연, 또 한 번은 미술 식으로 일주일에 1~2회 다니게 했으나 아이들이 커가면서 거의 매일 보냈다. 서예, 수영, 미술 등 아이들이 초등학교를 마칠 때까지 9년간 다녔으니 지금 생각해도 어련히도 보낸 셈이다. 성악가가 되고 싶어하는 둘째에게는 성악을 시켰다.

학과 공부 대신 다양한 경험을 시킨 것은 아이들에게 리더십을 키워주기 위해서였다. 피아노와 바이올린도 학원에 보내 배우게 했다. 이때 아무 학원에나 보낸 게 아니라 꼼꼼하게 골라 보냈다. 계단이 많거나 청소가 되어 있지 않은 곳, 위험한 곳은 선생님이 아무리 좋아도 보내지 않았다. 물론 집에서 가까워 가기 편한 곳을 선택했다. 둘 다 전교 어린이회장을 한 데에는 이런 리더십 훈련이 크게 도움이 되었다.

아이들은 그런 훈련을 받아서인지 당당했다. 춤이면 춤, 노래면 노래, 남들 앞에 나가서 하는 일에 주저함이 없었다. 물론 나는 아이에게 "너희는 뭐든지 할 수 있다."고 말해 주었다.

유치원 때부터 미술은 9년, 바이올린과 피아노는 6살 때부터 중2 때까지 시켰다. 초등학교 때부터 둘 다 개인레슨을 받게 했다. 결혼식 반주를 할 정도의 실력이 된다. 다행히 아이들이 하지 않겠다고 떼를 쓰지는 않았다. 욕심이 많아 엄마의 틀을 잘 따라주었다.

물론 엄마의 뜻에 꼭 맞게 따라온 첫째와는 달리 둘째는 자기주장이 강해 싫은 것은 분명히 의사를 표시했다. 나는 아이의 의견을 존중했다. 대신 첫째가 바이엘을 하면 둘째는 베스틴을 하는 식으로 다른 방식으로 유도했다. 아이들이 하지 않으려고 할 때는 손등을 때리기도 했다. 아이들은 넉넉하지 않은 형편에 중소기업 사장 딸 못지않게 좋은 교육을 받을 수 있어 감사하다고 지금 와서 이야기한다. 모두 다 엄마가 틀을 잡아준 덕이고 그렇지 않았다면 힘들었을 것이라고. 그때 예체능을 시키는 데 한 달에 백만 원씩 들어갔으니 엄청 신경을 쓴 셈이다.

우리 형제들이 그랬던 것처럼 아이들이 어릴 때 음악을 하니까 사춘기를 편하게 넘길 수 있었다. 어렵고 힘들 때 음악에 몰두하면 좋다. 사춘기 때 심하게 굴곡 있는 아이들도 음악이 있으면 쉽게 넘어갈 수 있다. 이런 활동은 아이들이 어릴 때는 엄마가 좀 강압적으로 해줄 필요가 있다. 5, 6학년만 되어도 엄마가 억지로 시키긴 힘들다. 이런 것들이 나중에 내신 점수 올리는 데 크게 도움이 되었다.

배려할 줄 아는 아이로 기르는 데 신경을 쓰다

공부 잘하는 아이보다 성격 좋은 아이로 키워야 한다는 데에 우리 부부는 일찍부터 의견일치를 보았다. 여기에는 다른 사람을 많이 생각하는 우리 부부의 철학이 바탕이 됐다. 우리는 아이들에게 "세상엔 거저 얻는 것은 없다. 남을 위해 좋은 일을 많이 해야 너희가 나중에 큰 사람이 될 수 있다."고 어릴 적부터 가르쳤다. 공부보다는 너희들이 사회에 나가서 어떤 사람이 되어야 마땅한가를 생각하고, 그런 사람이 큰 사람이 될 수 있다는 점을 늘 강조했다. 나보다는 남을 먼저 생각하는 사람이 되어주길 바랬다.

학교에 갈 때는 어려운 아이들을 잘 챙겨주라고 신신당부했다. 그래서 우리 아이들이 인기가 높았던 것 같다. 음식을 싸 가지고 갈 때도 다 같이 나눠먹을 수 있도록 많이 싸주었다. 초등학교 3학년 때까지 생일이 되면 항상 수수팥떡을 해서 학교로 보냈다. 친구들끼리 나눠먹고 건강하게 잘 자라라고. 그래서인지 둘 다 처음부터 끝까지 반장을 놓친 적이 없다. 명예직으로서가 아니라 봉사하기 위해 반장을 맡으려 했다. 그것도 1학기 반장만 했다.

반장이 되고 싶은 아이들은 금식기도까지 했다. 아이들이 그럴 때는 우리 부부도 동참했다. 아이가 뭘 원한다고 하면 우리 부부도 같이 금식기도까지 하는 편이었다. "너는 정말 훌륭한 사람이 되어야 하고, 그럴 만한 그릇이며, 하나님이 그렇게 만드셨다."고 기도해 주었다. 중학교 때까지 아침저녁으로 아이들을 앉혀 예배를 드렸다. 친구들을 위해, 학교를 위해 기도하도록 지도했다. 지금도 학교 가기 전에 같이 기도하고 보낸다.

아이들이 심성들이 아주 착하다. 외국어고에 다니는 학생들의 성격이 개성 있고 이기적인 경우가 많은데, 우리 아이는 그렇지 않다는 것 하나는 자랑스럽게 내세울 수 있다. 외국어고의 경우 학부모들조차도 성격들이 상당히 강한 편이다.

교육은 내림이다

북한에서 혼자 월남한 우리 아버지는 술을 좋아하셨다. 그럼에도 불구하고 어머니는 자식들 교육에 대한 끈을 한번도 놓은 적이 없었다. 그런 영향을 나도 많이 받은 것 같다. 아버지가 고향 생각에 울 때에도 어머니는 한번도 남편에게 뭐라고 하지 않았다. 어머니는 예배를 드릴 때 우리 7남매에게 "아버지가 이북에 부모님을 두고 내려오셔서 그렇다.” 며 이유를 잘 설명해 주고 긍정적으로 생각할 수 있게 했다.

포목점을 운영해 큰돈을 만졌음에도 지금까지 재산은 밍크코트 하나 뿐일 정도로 검약했다. 그 돈을 자식들에게 많이 투자했고, 몸소 불쌍한 이웃을 돌보았다. 한번도 자신을 위해서 한 것이 없는 헌신적인 엄마였다. 동네에서도 소문이 자자했다. 그래서 나도 받은 만큼 세상에 돌려주어야겠다는 마인드를 가지게 되었고, 우리 아이들에게도 그런 마인드가 대물림되고 있다.

딸들은 엄마 성품을 많이 보고 배우는 것 같다. 아이가 무엇을 하고 있을 때 ‘아, 저게 내 모습인가보다.’ 하는 생각이 들어 깜짝 놀랄 때가 있다. 그런 아이들 모습에서 ‘저런 건 고쳐야겠구나.’ 하는 반성도 곧잘 한다.

나는 아이들에게 꼭 세상에 중요한 사람이 되고, 불쌍한 사람들을 살필 줄 알고, 형제간에 우애 있게 지내기를 강조했다. 성경 말씀을 많이 인용해 “보이지 않는 하느님도 믿는데 형제끼리 사이좋게 지내지 않으면 안 된다.” 고 말했다. 아이들이 간혹 “할머니처럼, 엄마처럼 그렇게 못할지도 모르겠다.” 는 이야기를 하곤 한다.

현재 우리 집은 그때의 사업 실패 후유증에서 완전히 벗어난 상태는 아니다. 가족들이 조금씩 다 고생하고 있다. 나는 이런 데 불만을 갖고 있지 않다. “엄마는 돈 많은 부모 밑에서 자라는 복을 받았지만 너희들은 엄마의 그릇이 이 정도밖에 되지 않으니까 불만을 가지지 말고 이 정도로도 감사한 마음을 가지라.” 고 아이들에게 말한다.

TV를 시청하더라도 어려운 사람들이 등장하는 프로그램에 아무래도 시선이 더 간다. 아이들이 왜 우울하게 그런 채널을 보냐고 하면 우울하다고 생각하지 말라면서 세상에 불행한 사람이 너무 많다, 너보다 더 불행한 사람을 생각하면서 감사할 줄 알라고 이야기해 준다. 책도 그런 책을 읽어보라고 권한다.

사람은 경제적으로 좀 부족한 듯 살아야 한다고 생각한다. 사람의 욕심은 한도 끝도 없기 때문에 행복과 여유로움은 내 마음속에서 찾아야 한다고 믿는다. 엄마들은 아이들이 1등 하는 게 소원인지도 모르겠지만, 아이가 그 1등을 고수한다고 생각해 보면 또 얼마나 힘든 일인지 헤아려 보아야 한다.

첫째는 조금 얌전한 편이고, 둘째는 엄마를 닮아 와일드한 면이 있다. 두 딸에게 선의의 경쟁을 많이 시켰다. 엄마 말을 누가 잘 듣는지 스티커를 붙여주고, 그래프를 그려 주고 한 달에 한 번씩 원하는 것을 사 주었다. 그렇다고 무조건 갖고 싶다는 것을 사 주지는 않았다. 용돈도 기입장에 꼬박꼬박 관리하게 했다.

어릴 때부터 아이들이 싸운 적이 없다. 지금도 마찬가지다. 큰자식이 거울이라고 생각했기에 어릴 때부터 그렇게 키웠다. "네가 정말 좋고 착하고 훌륭한 사람이 되어야 동생이 그걸 보고 큰다."고 말해 주었다. 그래서인지 첫째는 책임감이 어릴 때부터 대단했다. 엄마가 없으면 동생 밥을 챙겨 주고, 동생이 그림숙제를 할 때도 "우리 동생이 1등 해야 돼." 하면서 밤에 스케치를 해준 적이 있을 정도다. 언니는 엄마가 딸에게 해 주었던 이야기를 동생한테 들려주기도 한다. 공부를 왜 해야 하는지 동기부여를 많이 해 준다. 지금도 한 방에 둘이 자면서 많은 이야기를 나눈다.

요즘 딸아이 둘만 키우는 집에서 형제들끼리 잘 다툰다고 하소연하는 엄마들을 간혹 본다. 아이들이 싸우면 큰아이 편을 먼저 들어주어야 된다고 생각한다. 물론 둘째가 억울한 부분이 있지만 그래도 언니만 한 동생이 없다는 예화를 들어준다. 둘째는 첫째가 필요한 경우가 많기 때문에 함부로 대들지 못한다. 언니가 간혹 짜증을 부리면 작은아이는 "엄마, 언니 왜 저래? 이상하네." 하고 그친다. 둘이 다투는 모습을 보이면 아빠한테 혼난다. 두 시간씩 잔소리 듣기가 힘들어 싸우지 않는지도 모르겠다.

직장엄마의 특별한 자녀관리

첫째가 초등학교 입학하던 해 2월부터 직장생활을 시작했다. 남편이 사업에 실패해서 내가 나서지 않을 수 없었다. 보험영업을 시작한 것은 맨손으로 쉽게 시작할 수 있다는 점도 있었지만 무엇보다 자영업이라 아이들을 돌볼 수 있다고 판단했기 때문이었다.

그 때부터 지금까지 15년 동안 일하면서 번 돈은 전적으로 아이들 교육비로 지출했다. 개인적인 데 쓴 적도 없고, 살림에 보태지도 않았다. 그래서인지 무엇을 가르칠 때도 충동적으로 가르친 적은 없다. 한 가지를 선택하면 '이건 몇 년쯤 계속하겠다.' 고 생각하고 보냈다. 학원은 함부로 바꾸면 안 되기 때문에 선생님의 성품 하나하나, 계단까지 헤아려서 보냈다. 선생님이 아이의 성격을 알면 선생님이 맞춰줄 수 있다. 학원을 자주 옮기면 아이가 적응하기가 힘들다.

아이들 기죽지 않게 하려고 최선을 다하다

보험영업을 해도 아이들이 학교를 마치는 시간 이상의 영업을 하지 않았다. 아이들을 챙겨주고, 학원에 데려다 주고 데리고 오려면 엄마가 집에 있어야 했다. 그렇게 하지 않으면 아이들이 엉망이 될 것 같았다.

일주일 중 3일은 피아노, 하루는 바이올린과 미술, 나머지는 영어 수학학원에 보냈다. 자기들이 해야 할 일을 시간표로 짜서 다녀오면 스티커를 붙여주었다.

애들이 임원을 하다 보니 1년 내내 학교에서 요구하는 게 많았다. 8백만 원에서 1천만 원씩 기부할 때도 있었다. 지금은 많이 달라졌지만 그때는 앰프시설 등이 필요하다면서 학교에서 임원 엄마들에게 손을 많이 내밀었다. 엄마들이 서로 안 하려고 하니 맡지 않을 수가 없었다.

아이들이 회장이 되자 "걔네 엄마는 보험회사에 다닌다."는 말을 많이 들었다. 아이들이 혹시라도 무시당할까 걱정도 됐다. 남 열심히 일하고 있는 직업 가지고 이러쿵저러쿵 할 필요가 없는데도 엄마들은 말이 많았다. 그래서 모르는 동네로 영업을 다녔다. 아는 사람들 입방아에 오르내리느니 차라리 모르는 사람이 낫겠다 싶었다.

아이들이 그런 걸로 기죽지 않게 하려고 아이들에게도, 학교에도 최선을 다했다. 옷을 사 입혀도 아무 데서나 사지 않았다. 이런 걸 입히면 더 예쁘겠다 싶은 옷이 있으면 직장도 빼먹고 사러 다녔다. 남편의 수

입이 없었기 때문에 상대적으로 아이들을 더 보듬은 구석도 있었을 것이다.

남편이 주저앉을 때 나도 주저앉을 걸 하는 생각도 들었다. 괜히 보험회사를 다녀 남편을 너무 기죽게 만들지 않았나 하는 생각이 들 때다. 너무 과도한 책임감으로 힘들고 화가 날 때도 있었다. 그럴 때 아이들한테 얘기를 많이 했다. 엄마가 이럴 때는 참 힘들다, 사람을 볼 때 사람이 좋은 것과 능력이 좋은 것을 구분하라는 식의 가슴에서 우러나는 진심을 들려주었다. 아이들이 엄마의 심정을 이해해 주길 기대하면서.

방학 때는 출근도장만 찍고 집으로 돌아오다

아이들이 방학을 맞으면 직장에 나가지 않았다. 출근 도장만 찍고 바로 집으로 돌아왔다. 그리곤 가방을 챙겨 아이들과 밖으로 나왔다. 자연학습장과 주말농장에 자주 갔다. 서울시에서 운영하는 여의도 자연학습장은 단골장소였다. 가서도 그냥 눈으로 보는 것이 아니라 오늘은 이 꽃을 조사하고, 며칠 있다가는 또 다른 꽃을 조사했다. 사진을 찍은 뒤 집에서 그려보게 하고 스크랩북에 붙인 뒤 느낌을 쓰게 했다. 느낌도 그냥 이렇게 느꼈다 정도가 아니라 언제, 어디를 가서, 어떻게 했다는 식의 체험학습보고서 써내듯 했다. 여의도 LG사이언스홀 등 돈 들이지 않고 다닐 수 있는 곳은 빠짐없이 다녔다. 최고의 살아있는 교육이었다.

연극에 관한 체험을 할 때도 그냥 관람하는 게 아니라 연극이 끝난 뒤 출연한 사람들을 직접 만나 기사를 작성토록 했다. 여러 사람 앞에 나서도록 한 것은 리더가 되려면 당연히 필요하다고 생각했다.

돈이 들어간 체험활동은 손꼽을 정도였다. 하지만 가장 생생한 학습이었다. 부모의 역할은 아이들을 관리해 주는 일이고, 아이들의 인격이 형성되는 초등학교 5학년 때까지는 어떤 투자라도 해야 한다. 공부하는 습관을 아이 때 길러주면 나중에 공부하라고 말하지 않아도 알아서 하게 된다.

방학 때 아이들을 데리고 다니는 바람에 실적이 있을 리 없었고 당연히 월급도 없었다. 보험영업도 미치면 잘할 수 있지만 그 대신 아이들을 놓치게 된다. 그보다는 아이들이 세상에 필요한 사람으로 키우는 게 더 중요하다고 여겼다. 보험영업을 하면서 만나는 사람들의 이야기를 아이들에게 많이 들려주었다. 다양한 삶의 스펙트럼을 통해 아이들은 자신들의 삶과 목표를 돌아볼 수 있었을 것이다. 지금도 그런 이야기 많이 해 준다.

욕구 조절능력을 어릴 때부터 키워주려고 노력했다. 누구나 지치고 힘들 때가 있다, 누구나 좋은 거 먹고 싶고 입고 싶다, 하지만 다 할 수 없으니까 참을 줄도 알아야 한다고 말해 주었다. 아이들은 엄마가 돈이 없다 싶으면 먹고 싶은 것도 참았다. 어릴 때부터 해야 할 것과 하지 말아야 할 것의 훈련이 되어 있었다. "공부 1등 해야 돼.", "남달라야 돼." 같은 말은 하지 않았다. 다만 공부도 잘하면 금상첨화라고 가르쳤다.

어릴 때부터 홀로서기를 가르쳤다. 아이들은 엄마가 바쁘다 싶으면 실내화 정도는 알아서 빨고 블라우스를 다려 입고 다녔다. 그냥 "이걸 해라."가 아니라 "너희들도 바쁘겠지만 엄마가 직장을 다니기 때문에 이 정도는 좀 해줘야 된다."고 말했다.

직장에서 번 돈을 모두 아이들에게 들이다

월급을 받으면 교회에 십일조를 내고 남은 돈을 모두 아이들에게 투자했을 정도로 아이들 관리에 매달렸다. 여기에는 고된 시집살이가 작용했다. 완벽주의자 시아버지와 자기관리가 철저한 시어머니한테서 받는 스트레스를 풀 길이 없었다. 효자인 남편이 아내의 분풀이를 받아줄 리 없었다. 아이들을 열심히 관리해 주고, 아이들이 덩달아 잘하는 그런 기쁨으로 살았다. 시집살이에 대한 일종의 보상심리였다.

아이들이 학교를 다니는 동안 아람단, 학부모회, 육성회, 어머니회 등의 회장직을 계속 맡았다. 다른 엄마들이 돈 들어간다고 고사하는 바람에 나서지 않을 수 없었다. 일부러 그런 활동에 참여하지 않으려 해도 종내는 교장 선생님의 권유에 어쩔 수 없이 맡았다. 그런 활동들이 아이들을 관리하는 데 도움이 되었다. 학교 일을 보면서도 학교에 끌려다니지 않고 소신껏 활동했다. 둘째 아이가 외고에 들어가고 나서는 학부모회 총무를 맡았다.

아이들에게 적절하게 내 감정을 잘 전달한다고 생각했지만 어떤 경우에는 너무 강하게 보인 측면도 없지 않았다. 아이들이 커가면서 자신들도 힘들다며 그러지 말라고 했을 때도 있었다. 그 때부터는 마음을 좀 비웠다.

예배시간은 굉장히 중요한 시간이었다. 아이들은 예배시간에 "엄마, 이런 거 참 안 좋았어."라고 자연스럽게 이야기했고, 나도 "그런 이야기해서 미안하다."는 식으로 이야기를 받아들였다.

아이들한테 투자한 돈을 재산 늘리는 데로 돌렸으면 살림이 좀 되지 않을까 싶다.

아빠의 특별한 역할

아이들이 성장하는 데 아빠의 역할이 컸음을 고백하지 않을 수 없다. 아이들이 이렇게 잘 성장한 것은 다 남편 덕이다. 사업이 부도가 나서 숨이 막히는 상황에서도 아이들을 챙겨주었다. 지금도 마찬가지다.

아빠는 아이들 숙제나 과제를 "나 몰라."라고 한 적이 없다. 아빠가 밤을 새워 숙제를 같이 한 적도 있었다. 예를 들어 종이탈을 만들어 학교에 가져가야 하는 날이었는데 시간이 없어 종이탈이 마르지 않자 전자레인지에 밤새 구워서 만들어 줄 정도였다. 아이들 정기고사 관리도 남편과 함께 했다. 아이들이 시험을 잘 못 보면 남편은 아이들을 앉혀 두고 오답노트를 만들었다. 시험을 못 봤다고 실망만 하지 말고 어떤 것이 틀렸는지 다시 점검해 보자고 했다.

중환자실에서도 아이 관리에 신경을 쓰다

중학교 2학년 때까지 학습관리를 철저히 해 주었다. 아이 때부터 해 온 학습지의 경우 한 번도 밀린 적이 없다. 그날그날 분량을 다 마치면 스티커를 붙여주었다. 아이들이 자기 욕심에 잘한 것도 있었지만 아빠가 학습관리를 잘 챙겨준 결과이다.

몇 차례 중환자실에 입원해 있으면서도 아이들에게 계속 신경을 쏟았을 정도였다. 이 정도면 남편의 타고난 성품이 아닐까 싶다. 자녀를 잘 키우려면 엄마 혼자로는 힘들고, 남편의 힘이 필요하다고 절실하게 느낀다. 취미가 미술인 남편은 아이들을 데리고 자주 전시회를 다녔다. 아빠는 "자식이 공부를 잘하려면 부모가 자식에게 항상 책보는 모습을 보여줘야 한다."면서 자식 앞에서 한 번도 책을 놓은 모습을 보여주지 않았다. 원래 TV를 싫어하는 탓도 있지만 집에서 TV를 거의 보지 않는다. 본다면 딸들과 함께 보는 퀴즈프로 정도이다.

남편은 지금도 아이들이 읽을 만한 책을 골라 사준다. 그러다보니 아이들끼리 대화 소재가 책일 때가 많다. 흥미 위주가 아닌 도움이 될 수 있는 책, 눈요기가 아닌 마음으로 보는 책을 권했다.

아이들은 엄마, 아빠를 세상에서 제일 존경하지만 제일 무서운 사람이 엄마, 아빠라고 한다. 이런 이야기도 한다. 엄마, 아빠랑 이면 어디를 가더라도 걱정이 되지 않는다고. 예를 들어 영화를 보러 갔는데 표가 매진된 경우에도 아빠는 어떻게 해서든 표를 구해온다. 기차표가 없는 경우도 마찬가지이다. 어떻게 하는지는 모르겠지만 여하튼 그렇다.

우리는 밖에 나갈 때 차를 가지고 다니지 않았다. 남편은 어릴 때부터 아이들에게 국민성 같은 것을 강조했다. "우리나라를 사랑한다면 큰 차를 가지고 다니면 안 된다, 기름도 나지 않는 나라에서 큰 차를 가지고 다니는 것은 되지 못한 사람이나 하는 짓이다, 너희들이 다음에 돈을 많이 벌더라도 그렇게 하면 안 된다"라는 식이다. 그러면서 작은 일에서부터 그런 걸 할 줄 알아야 된다면서 솔선수범을 보였다.

아이들이 힘들어서 업어달라고 해도 많이 업어주지 않았다. 우리는 해야 할 것과 하지 않아야 할 것을 구분했다. 어떤 아이들은 길거리에서 뭘 사달라고 떼를 쓰고, 드러눕기까지 하지만 우리 아이들은 그렇게 하지 않았다. 아빠는 외출하기 전부터 "떼쓰면 안 나간다."고 아이들에게 다짐을 받았다. 애들은 갖고 싶은 것을 보고도 참을 줄 알았다. 그리고는 다음에 꼭 사달라고 했다. 물론 내가 남편 몰래 아이들 데리고 나가서 사 주기도 했다.

아이들이 원하는 것을 갖게 하는 방식이 있었다. 꼭 사고 싶은 것이 있으면 일기장에 하나씩 쓰게 하고 단계적으로 스티커를 다 모으면 사 주는 방식이다. 엄마, 아빠가 좋아하지 않는 것을 원하더라도 무조건 "안 돼."라고 하지 않고 대신 조건을 달았다. "너희들 원하는 것을 들어줄 테니 너희도 엄마, 아빠가 원하는 것을 들어다오." 하는 식의 타협이다. 아이들이 초등학교 때 힙합바지와 일본 노래가 유행했다. 그때도 아이들이 원하면 아니다 싶어도 거절하지 않았다. 한창 클 때 그런 걸 거절하면 상처를 입을 수도 있다고 생각한다.

아빠는 아이들에게 화를 내거나 매를 들지 않았다. 애들은 차라리 아빠가 때리고 화를 냈으면 좋겠다고 했다. 그만큼 자기수양이 되어 있는 사람이다.

아이들 의견을 늘 존중해 주다

20대가 좋아하는 게 뭔지 알아내 대학생인 큰딸 선물을 사오는 아빠,

엄마가 좋아하는 것과 딸들이 좋아하는 것을 따로 따로 사 오는 아빠. 아이들에게 남편은 그런 아빠였다.

생일이면 미역국도 끓여주고 일요일이면 아이들이 좋아하는 스파게티나 반찬을 만들어 주었다. 딸들이 아빠를 좋아할 수밖에 없었다. 그에게는 독특한 대화법이 있다. 내가 TV를 보는 게 마뜩치 않으면 "TV보다 내가 좋지 않아." 라고 말하는 스타일이다. 커피 한 잔 얻어 마시고 싶을 때에도 "당신이 타 준 커피를 먹으면 기분 좋겠다." 라고 표현한다. 아이들에게도 마찬가지이다. 엄마는 때론 때리고 소리 지르고 하지만 아빠는 한 번도 소리친 적이 없다.

가난한 집안에서 성장한 남편은 괴롭고 우울하고 슬플 때는 책으로 풀었다고 했다. 그래서인지 아이들이 두 살 때부터 아빠가 아이들 책을 단계별로 맞춰서 보여주었다. 아이가 때어나면 이렇게 키우겠다는 계획이 확실하게 있었다. 의식이 보통 사람들이랑 조금 달랐다는 생각이 든다.

아이들 교육은 아빠가 주로 맡았다. 초등학교 때부터 아이랑 같이 나가 문제집을 사왔다. 늘 아이들의 의견을 존중해 지금도 아이가 부탁하면 특별한 일이 없으면 도와준다.

그렇지만 굉장히 원칙적이고 따지는 게 많다. 밥 먹을 때만 하더라도 그렇다. "반찬 뒤적거리지 마라." "소리 내지 말고 먹어라." "밥풀 흘리지 말라." "남기지 말고 먹어라." 라고 늘 강조한다. 아이들이 투정하고 먹지 않으면 굶겼을 정도로 기본을 강조했다.

그런 아빠 덕에 아이들은 나쁜 식습관은 들지 않았다. 지금도 인스턴트 음식도 잘 먹지 않는다. 나는 "밥 먹을 때라도 편하게 먹어야지." 하면서 막 화를 냈다. 다투기도 많이 다퉜다. 우스개지만 학교 다닐 때 '날라리' 라는 말까지 들었던 내가 이런 남편에게 길들여지려니 숨이 콱콱 막혔다. 그래도 이유를 타당하게 설명해 주면서 화나게 하지는 않았다.

남편은 남아 선호 사상을 이해하지 못하는 사람이다. 여자이기 때문에 못 한다는 생각을 할까 봐 "너희들은 사회에 꼭 필요한 사람." 이라고 동기를 계속 부여해 주었다.

이쯤에서 우리의 서투른 산행일지도 마쳐야겠다. 전문 산악인의 그것처럼 철저한 준비와 계획에 의한 멋진 성공담은 아니었지만 결국 우리도 정상에 올랐다는 얘기를 적을 수 있었던 것으로 만족한다. 하지만 아직 끝이 아니다. 더 멀고 더 험한 산으로의 긴 여정이 남아있고 또 다시 몸을 추슬러서 힘찬 출발을 해야 한다. 산의 정상도 올라 본 사람이 오르는 법, 다음에 또 산행일지를 적게 된다면 그때도 역시 모든 어려움과 역경을 딛고 마침내 정상에 올랐다는 얘기로 끝을 맺고 싶다.

외국어고 진학 성공 POINT

1. 스스로 경쟁하는 아이로 키워라

자기 자신과의 싸움에서 이기는 아이가 진정한 승리자가 될 수 있다. 다른 사람과 대결구도를 만들고 모두를 경쟁자로 삼기보다는 오직 자신의 실력을 업그레이드 하는 데 투자하게 하라.

2. 책을 많이 읽게 하라

어려서부터의 책 읽는 습관은 매우 중요하다. 결국 교과서나 참고서도 책이며 다만 지금 네가 읽어야 할 책이 교과서나 참고서이며 다른 책과 다름없이 역시 그 안에 길이 있다는 것을 상기시켜 주어라.

3. 자존심과 함께 자부심을 길러 주어라

자존심이 자신의 존재가치에 대한 최소한이라면 자부심은 자신의 존재가치에 대한 최대한의 설정이 된다. '네가 만약 특목고에 합격할 수 있다면 네 자신이 얼마나 자랑스러울 수 있는지.'를 자녀에게 심어 주어라.

4. 자녀의 눈높이에 엄마를 맞추어라

항상 자녀의 입장에서 먼저 생각하라. 엄마이고 아내이며 직장까지 다녀야 하는 상황일지라도 사실 공부하는 자녀가 훨씬 힘들다. 놀고 싶고 또 놀아야 할 유혹도 많은 나이에 특목고 입시를 준비한다는 것, 진짜 힘들다.

5. 영어 공부 최대한 빨리 시작하라

외국어를 모국어처럼 쓰게 하고 싶다면 많이 들려주어야 한다.

가랑비에 옷이 젖고 영어는 소리에 젖어 든다. 귀가 뚫리면 입이 열리고 입이 열리면 자연스레 영어의 원리가 이해된다는 말씀.

6. 일기를 쓰게 하라

앞으로는 논술능력이 대입을 좌우하게 될 것이다. 논술이라는 것이 학원에서 가르칠 수 있는 것이 아니다. 평소 자신의 생각을 정리하는 훈련이 필요하고 여기에는 일기만큼 좋은 것이 없다. 학습일지를 함께 쓰도록 하면 금상첨화.

7. 전문학원의 도움을 받아라

특목고 입시에 관한 전문학원의 정보력과 분석이 꼭 필요하다. 학교에 따라 사정이 다르긴 하겠지만 특목고 준비생은 극소수에 불과하다고 보면 학원의 특화된 관리가 당락에 변수가 될 수 있다.

8. 내신 성적은 미리미리 관리하라

학교마다 내신반영률이 낮아진다고는 하지만 결국은 내신 성적도 변별력의 기준이 된다. 평균 95점 이상은 유지되어야 한다.

9. 수학은 선행학습보다 복습이다

얼마나 많이 아느냐의 문제가 아니라 얼마나 많이 풀어 봤느냐가 중요한 과목이다. 창의력과 사고력이 동시에 요구되는 문제들을 많이 풀어볼 것. 쉬운 문제에서 심화문제까지 골고루 풀어보게 한다. 오답노트를 꼭 활용하고 첨삭지도가 필요하다.

10. 영어는 투자가 가장 많이 필요하다

시간도 가장 많이 들고 공도 많이 들여야 한다. 특목고 지원학생들의 경우 영어는 특히 수준이 높기 때문에 별도 공부를 가장 많이 해야 한다. 듣기와 문법, 독해를 골고루 하라. 단어장 작성은 필수. 긴 지문을 듣는 훈련이 필요하다.

4

교육에 관심 가진 사람들과 친하게 지내라

서울에서 가장 낙후된 지역으로 꼽히는 우리 동네에서 두 아이를 과학고에 진학시키는 데는 교육에 관심이 많은 사람들과 친밀하게 지낸 것이 도움이 된 것 같다. 지금 와서 보면 나만이 아니라 나와 친하게 지낸 사람들도 다들 남부러워하는 학교에 아이들을 보낸 것 같다. 우리는 서로 어디서 들으면 누가 먼저랄 것도 없이 서로 이야기를 나눴다.

글쓴이 : 윤종숙
두 아이를 한성과고에 보냈습니다. 교육에 전념하겠다며 교육부 장관을 자임해 20년을 우왕좌왕했지만 이제야 제대로 할 것 같습니다. 아이에게 맞는 방법을 찾아 소신껏 하는 것이 중요하고 적절한 목표와 상응하는 대가를 제시하는 것이 효과적인 촉진제입니다. 맹모교육연구소(www.skymom.co.kr) 운영위원으로 있습니다.

둘째가 올해 대학에 합격하고 나니 마음이 뿌듯하기도 하고 섭섭하기도 했다. 다니던 직장을 그만두고 교육에 전념해 보겠다고 나섰으나 뚜렷한 목표와 정보도 없이 우왕좌왕하며 20년 세월을 보낸 것 같다. 그래도 운이 좋았는지 아이들 노력의 결과인지 큰애는 카이스트, 작은애는 연세대에 들어갔으니 목표의 80% 는 달성한 것 같다.

언제부터인지 모르겠지만 우리사회에서는 아이의 대학 진학이 엄마의 가장 큰 과제가 된 것 같다. 남편은 "교육부 장관, 애썼다."고 한다.

그러나 나는 본인들이 목표로 했던 학교를 못 가서인지 미련이 남았다. 이제야 무엇인가를 알 것 같아 처음부터 제대로 교육을 해보고 싶다.

'이 다음에 아들들이 손자를 길러 달라고 하면 실수 없이 잘 길러야지.' 한 번씩 이런 생각을 하는 내 모습을 발견하고는 '나도 정말로 대단한 병이구나.' 하고 씩 웃어본다. 처음 정했던 목표에 그나마 80% 정도라도 성공할 수 있었던 것들과 두 아이를 과학고를 보내면서 겪었던 일, 다시 한다면 명심해야 할 것들을 써보고 싶었다.

내가 어느 정도 교육에 성공할 수 있었던 요인들을 되돌아본다.

1.적기에 정보를 알았다.

초등학교까지는 너무 몰랐으나 중요한 시기에 큰애가 영재센터에 다닌 것을 계기로 유익한 정보를 많이 알았다.

2.대처를 잘했다.

남편이 가끔 "준비성은 없는데 그나마 대처를 잘해서 다행."이라고 하듯이 교육에서도 문제가 생겼을 때 그때그때 대처를 잘한 것 같다.

3.수학을 꾸준히 시켰다.

아이들이 기회를 잡을 수 있었던 원인은 그래도 평상시에 했던 수학이었다. 한 가지라도 확실하게 해두면 큰 자산이 된다.

4.남편의 도움이 컸다.

문제가 있을 때 위로해 주었고, 내가 결정을 못 하고 고민할 때 객관적이고 정확한 판단과 협조를 해 주어 마음 편하게 준비할 수 있었다.

5.아이들과 부모의 목표가 같았다.

저절로 그 환경에서 생활하게 되어 특별히 목표를 정할 필요 없이 당연하게 받아들였다.

6.학원을 잘 선택했다.

올바른 학원 선택으로 늦게 시작한 과학경시, 전혀 알지 못했던 정보올림피아드가 가능했다.

실수 많은 나의 경험이 창피하기도 하고, 우리 아이들의 실상을 떠벌리는 것 같아 꺼려지기도 하지만 나처럼 정보를 몰라 쩔쩔매는 후배엄마들에게 조금이라도 도움이 되었으면 하는 마음에 용기를 내어 두서없이 적어본다.

과학고, 꿈을 가지다

큰아이가 5살 때부터 우리 가족은 취미가 같은 남편 직장 동료 가족과 거의 매주말 여행을 다녔다. 전국 방방곡곡, 모든 산을 같이 다녔다. 큰애가 초등학교 3학년, 그 집 애가 5학년이던 겨울방학에 그 동료는 "아이가 과학고를 가기 위해 학원에 다니기 시작했다." 면서 "이제 여행을 같이 가지 못하게 됐다." 고 하였다. 그 집 아이가 다니는 학원은 서울 강동구에 있는 C학원이었다. 초등학교 5학년 겨울방학부터 시작해 중2

여름방학이 될 때까지 국어, 영어, 수학, 과학을 고등학교 1학년 과정까지 선행학습을 하고 중학교 2학년 여름방학부터 수학과 과학경시로 나누어 준비한다고 했다.

항상 같이 다니던 누나가 과학고 준비를 위해 5년 이상 계속해온 여행을 가지 않는다고 하니 아이는 어렴풋이나마 과학고가 좋다고 생각한 것 같다.

그 학원 교육과정이 맘에 들어 기억하고 있던 나는 큰애가 6학년이 되자 C학원과 같은 커리큘럼으로 운영하는 학원이 강북에도 있는지 알아보려고 큰 학원마다 전화를 걸었다. 그런데 집 근처에 그런 학원이 없었다. 남편은 "그러지 않아도 그 친구가 우리 애를 C학원에 보내는 것이 어떠냐고 말하더라." 고 했다. 6학년짜리가 전철을 2번이나 갈아타면서 매일 학원으로 가고, 돌아올 때는 늦어서 내가 가서 차로 데리고 와야 한다는 일은 생각하기도 싫었지만 한번 이야기를 해 보았다.

"그게 사람 사는 거라 할 수 있어? 평일은 밤 12시에 집에 오고, 주말도 거의 가고."

큰아이는 한마디로 싫다고 하였다. 아직 아들이나 나나 좋은 학교라니까 가면 좋겠다는 정도의 막연한 생각은 있었지만 과학고에 꼭 가야 한다는 마음은 없었던 것 같다. 그러면서도 '웬만하면 가겠지.' 라는 아들에 대한 믿음은 있었다.

6학년 말, TV에서 카이스트를 배경으로 하는 드라마가 방영됐다. 우리는 온 가족이 한 번도 빠지지 않고 보았다. 아이들은 너무 재미있어 하면서 과학고를 나와 카이스트를 가겠다고 하였다. 과학을 별로 좋아하지 않았던 둘째까지도 목표가 과학고, 카이스트가 되었다.

수학 1인자가 되면서 자신감을 가지다

'어제는 수학책을 안 가져오더니, 오늘은 숙제를 안 해왔어요.'

학교에서 돌아온 둘째의 일기장 밑 부분에 담임선생님이 학부모가 보라고 써 놓은 글이었다. 나는 그 원인을 대충 알 것 같았다. 며칠 전, 기운이 하나도 없이 학교에서 돌아온 초등학교 4학년인 둘째가 하던 말이 떠올랐다.

"엄마, 나 안됐어."

"뭐가?"

"축구선수. 처음에는 골키퍼였는데 두 골 먹어서 나는 탈락하고 다른 애가 되었어."

남학생이 16명인 반에서 반 대항 축구선수 11명을 뽑는데, 뽑히지 못했던 것이다. 금방 울 것 같은 표정이었다. 무척 실망한 것 같았다. 겁이 많은 둘째는 태권도를 배워 보라고 해도 다리를 못 벌린다고 사범 선생님한테 혼이 날까봐 안 한다고 했고, 가족이 스키를 타러 가도 겁이 나 하루 종일 화장실만 왔다 갔다 하며 정작 스키는 타지도 못 했다. 그런 아이가 축구는 하고 싶었나 보다. 며칠째 학교만 다녀오면 더 우울해져 있었다.

나는 1년에 한 번, 학기 초 학부모 총회가 있을 때나 아이들 학교에 갔었는데, 큰 용기를 내어 담임선생님을 찾아갔다. 선생님은 "수업시간에 멍하니 집중도 못하고, 쪽지시험도 전보다 많이 틀려요. 갑자기 변한 것 같은데, 애한테 무슨 일이 있어요?"라고 심각하게 말씀하셨다. 축구대표가 되지 못해 자신감을 잃은 것 같다고 했더니, 선생님은 아이들은 충분히 그럴 수 있다며 "걱정 마세요. 제가 처음 말씀드리는 건데요, 돌아오는 6월 2일 처음으로 교내 수학경시대회가 열리니 미리 공부를 시키세요. 이 시험을 잘 보고, 영어와 국사를 잘하니까 질문하고 잘한다고 칭찬하면 금방 돌아와요."라고 하셨다. 선생님은 50대 노련한 여선생님이셨다.

2, 3일 먼저 공부를 시작해서인지 큰애, 작은애 둘 다 4학년, 6학년부에서 가장 잘해 금상을 받았다. 오직 하나밖에 없는 공식적인 시험이라 아이들은 갑자기 학교에서 가장 수학을 잘하는 애들이 되었고, 선생님 말씀대로 둘째는 바로 바뀌었다.

겁내던 운동도 하겠다고 했다. 검도를 배운 이후 몸이 날렵해져 중학교, 고등학교에 가서는 학교대표 축구선수로 뛸 정도로 운동에 자신감을 가졌다. 남자아이라 그런지 운동에 대한 자신감이 성격을 바꾼 것 같았다. 소극적인 성격인 줄만 알았는데 그 이후로 학급 임원, 전교 총학생회 임원까지 맡았고, 다른 것까지도 적극적으로 바뀌었다. 큰애는 6학년이라 학교대표로 교육청 경시대회, 전국규모 수학경시대회에 나가 수상을 하였다. 이로써 아이는 이 지역에서 자타가 인정하는 수학 1인자가 되는 계기가 되었다. 커다란 수확은 본인의 자긍심, 즉 자신감이었다.

수학은 우리 아이들이 가장 지속적으로 공부한 과목이었다. 6살부터 연산용 학습지를 시작해 9살이 될 때까지 하루에 3장씩 거의 3년 동안 하였고, 2학년부터는 개념 위주 학습지로 바꿔 3학년 과정부터 시작하였다. 학습지로 먼저 진도를 나가고 그에 맞춰 다른 문제집을 풀게 하였다. 단순문제를 반복하는 것을 싫어해 문제량이 적고 난이도가 가장 높은 문제집을 같이 풀게 하였다.

아이들이 지루해하거나 어려워할 때 "엄마하고 누가 먼저 푸나 시합하자." 고 하면 지기 싫어하는 성격 때문에 끙끙거리며 풀었다. 다른 사람이 가르쳐 주는 것을 싫어해 애가 잘 모르는 문제는 "너 어떻게 풀었어? 나는 이렇게 풀었는데." 하는 식으로 알려주었다. 곧바로 가르쳐 주려면 들으려 하지 않고 끝까지 자기가 하겠다면서 화를 내며 문제를 잡고 있었다.

아이들이 풀어 놓으면 채점을 하고 틀린 부분을 지워 다시 풀게 하였다. 이런 식으로 하다 보니 공부량은 많지 않았다. 그러나 교내 경시문제는 쉽게 풀 수 있었다.

문제가 있었다면 많은 문제를 다루고 단순문제를 반복했어야 하는데 그렇지 않았다는 점이다. 그 결과 속도가 느리고, 혼자 공부하는 스타일이다 보니 문제 풀이방법도 다양하지 않고, 자신만의 방법으로만 하다 보니 쉬운 문제를 어렵게 풀기도 하였다. 중학교에 입학하기 전에 중1 과정을 그런 식으로 거의 마치고 입학하였다. 그런데 우리 아이들이 한 학습지가 중1 과정이 끝이어서 더 이상 할 수가 없었다. 그 이후로는 쉬운 문제집으로 진도를 나가고 어려운 문제집을 다시 한 번 풀게 했는데, 체계적으로 잘 되질 않아서 그랬는지 아이도 재미없어하고 학습지를 할 때처럼 효율적이지 못했다.

영재센터에서 대학수학을 배우는 게릴라

큰애가 초등학교 3학년에 다닐 때까지는 학기말 고사가 있었다. 3학년 아이가 시험공부를 한다고 자기 방에 들어가 2시간 정도 하고는 "다 했다." 하고 나와 나는 얼마나 했을까 반신반의했었는데 결과는 전 과목에서 1개 틀리고 다 맞았다. 시험이 없어진 후에도 교내외 수학경시대회에서도 가장 잘해 기대를 했었다.

당연히 첫째가 중학교에 입학했을 때, 이 동네에서 경쟁상대가 없을 거라고 생각했다. '종합학원에 가봤자 난이도 없는 단순문제만 계속 풀고 별로 배울 것이 없다.' 고 판단해 학원도 보내지 않았다.

수학은 중1 과정까지 거의 혼자 했고 영어는 중학교 문법책을 하다가 5월부터는 SDA라는 영어 회화학원에 다녔다. 과학은 〈고난도 과학〉이라는 문제집을 풀었고 유치원 때부터 해온 피아노는 계속 쳤다.

그러나 1학년 중간고사 결과, 전교에서는커녕 반에서도 1등을 차지하지 못하였다. 본인도 놀랐나 보다. "중간고사는 처음이라서 시험 준비할 때 시간 배분을 제대로 못하고 문제도 많이 다뤄보지 않아 그렇게 된 거야. 기말고사부터는 잘 하겠지." 라고 위로하였으나 기말고사도 조금은 나아졌지만 역시 최상위권은 아니었다.

'남편 친구가 권유한 대로 멀고 힘들더라도 그 학원을 보낼 걸…….' 우리 지역에서는 전교 1, 2등도 과학고 합격이 쉽지 않다는 말을 들었던 나는 그제야 후회가 되고 막막했다. 이제는 들어가도 진도가 맞지 않아 과학고반에 들어갈 수도 없었다. 고민하고 있을 때 담임선생님이 연세대에서 수학영재를 모집한다며 원서를 내라고 하셨다. 그나마 1학기 수학 성적이 가장 좋아서 학교 대표가 될 수 있었다.

지금은 과학영재센터가 서울대, 연세대, 서울과고, 한성과고, 지역 교육청 등 여러 곳에 있지만 그 당시는 서울대에 중 2년생을 대상으로 한 1년 과정이 있었고, 연세대에서 처음으로 9월에 서울에 사는 중1, 2 학년생을 대상으로 수학, 과학영재를 뽑았다. 수학영재의 경우 한 학교에서 2명씩 대표를 뽑아 1단계는 필기시험으로 35명을 뽑고, 2단계는 2차에 걸친 구술면접으로 최종 15명을 뽑았다. 수학은 초등부에도 한 반이 있었다.

시험을 보는 동안 학부모들이 모여서 나누는 이야기를 듣게 됐다. 초등학교 4학년생이 공통수학을 공부한다는 말도 나왔고 어느 집단은 엄마들끼리 오랜 친구처럼 서로 이름을 부르면서 이야기를 나눴다. 한 학교에서 저렇게 많이 왔나 했는데 강남의 C, D경시학원 학부모들이었다. 이야기로만 듣던 바깥세상을 처음 구경한 것으로 만족하고 합격을 거의 기대하지 않았는데 선발됐다. 2학년생이 12명이고 1학년생은 우리 아이를 포함해서 3명이었다.

'역시 연세대에서 우리 아들을 알아주는구나. 몇 년 동안 혼자서 난이도 있는 문제를 공부하다 보니 새로운 문제를 해결하는 힘은 길러졌었나 보다.'

그러나 그 마음도 잠깐이고, 거기서도 우물 안에서 혼자 즐기고 있었다는 걸 다시 확인할 수밖에 없었다. 청운의 꿈을 갖고 시작한 영재교육 프로그램에서 아이는 첫 수업부터 얼굴이 굳어서 나왔다. 정수론을 하기 위하여 수의 체계를 한 것 같았다. 한 학년을 선행학습하여 중1 과정을 마치긴 했어도 유리수, 무리수, 실수, 허수 등의 체계가 잡히지 않은 데다 교수가 용어를 영어로 설명하니 더 힘들었나 보다.

아이는 "나는 무슨 말인지도 알아듣지 못하는데, 다른 학생들은 다 아는 표정이고 대답도 한다."며 자기만 모르는 것 같다고 하였다. 나는 가슴이 답답하였지만 "처음이라 힘들 거야. 다음 주부터는 나아질 거야."라는 말로 위로했다.

그러나 다음 주는 더 어려워했다. 2시간은 교수가 개념설명을 하고 2시간은 문제를 푸는데, 아이는 문제 푸는 시간에 아무것도 할 수가 없었다고 하였다. 인수분해가 무엇인지도 모르는 상태에서 대학과정인 정수론을 하고 있으니, 2시간짜리 개념설명이 무슨 의미가 있을까.

우리 아이가 공통수학을 했었다면 그 수업은 매우 유익했을 것이고, 한 단계 상승할 수 있는 기회가 되었을 것이다. 최소한 중3 과정이라도 선행학습을 하였더라면 그런대로 따라했을 것이다.

혼자 의기소침해하는 내 뒤에서 강남 경시학원 학부모들은 "국제올림피아드 문제에는 나오는데 우리 고교 과정에는 없어서 다루지 못하던 부분을 여기서 다룬다."고 매우 좋아했다.

그즈음 한 신문에서 '중학교 게릴라 요원들이 대학교에서 대학수학을 하고 있다'면서 영재센터 수업 장면을 사진과 기사로 보도했다. 약간 과장이 섞인 기사였다. 어느 날 동생 집에 갔는데, 동생 남편이 자기 동생에게 우리 아이를 가리키며 "이 애가 바로 신문에 나온 수학 게릴라 요원이야."라고 소개를 했다. 그러자 그 사람은 "어떻게 그렇게 수학을 잘 하냐. 비결 좀 알려다오."라고 말하는 것이 아닌가.

나는 얼굴이 화끈거리고 가슴이 답답했다. 이 허상과 실상의 차이를 어떻게 극복해야 하나. 한참 고민하다 다음날 서울대 학생처에 전화로 "수학과 3~4학년생 한 명을 과외 선생으로 보내 달라."고 요청했다. 학교에서는 우리가 사는 지역에는 수학과 학생이 없다며 약학과 3학년생을 보냈다. 나는 그 학생에게 과제물을 보여주면서 "이 문제를 풀 수 있게 일주일에 두세 번 방문하여 개념을 설명해 주고, 같이 다루어 달라."고 했다.

그 문제는 그 학생에게도 어려웠나 보다. 영재센터에서 하는 정수론은 대학 수학과 4학년 전공과목이어서 전공자가 아니면 가르치기가 어려웠다. 그 학생은 내 부탁과는 무관하게 공통수학을 처음부터 차례대로 해 나갔다. 나중엔 도움이 되겠지만 지금은 아이에게 부담만 주는 것만 같아 한 달 만에 그만두고 다시 〈수학의 정석〉 실력편, 대학정수론, 올림피아드 문제집에서 유사문제를 공부하여 과제를 해 갔다. 물론 반도 풀 수 없었다.

우리 아이는 영재가 아니다!

고민을 거듭하다 경시학원에 다니는 학부모에게 자문을 구했더니 자기 아이가 다니는 학원에 보내 보라면서 전화번호를 알려주었다. 학원에서도 뾰족한 해답이 없었다. 지금 다니는 아이들은 대부분 초등학교 4학년 때부터 시작하여 공통수학까지 나갔고, 지금은 올림피아드 문제를 다루고 있다는 것이었다.

원하신다면 올림피아드 문제풀이반에 넣어 줄 수는 있다고 학원에서는 이야기했지만 여기서와 똑같을 것 같았다. 재미있는 사실은 영재센터 아이 15명중 강남 출신이 11명, 강북 출신이 4명인데 학년과 관계없이 강북 학생들은 거의 어려워했다.

영재센터에 와서 보니 이야기로만 듣던 교육의 실상을 알 것 같았다. 올림피아드나 전국적인 경시대회가 있으면 여기 온 아이들이 대부분 상을 받았다. 몇 명은 매스컴에 오르내리는 아이들이었다. 초등부 대상을 받은 아이 엄마는 "문제집을 사면 아이가 이 문제집 2주에 끝낼 거야라고 하면서 문제수를 14로 나눠 매일 1/14씩 아무리 어려워도 푼다." 면서 아들의 대한 믿음을 과시했다.

"전국에서 어느 선까지 수학 잘하는 아이들은 수천 명이 있어요. 그러나 그 선을 넘은 학생은 10명 이하라고 봐야죠. 그 아이들이 대상, 금상을 수상하는 거예요."

초등부 5학년으로 중등부 대상을 받은 아이 엄마의 말이 아직도 생생하다. 그 엄마는 그 아이들 이름을 기억하는 것은 물론이고 "이 아이는 6살 때부터 아빠가 관리했는데 부모와 아이가 필사적이다."고 내력까지 소상히 설명해 주는 것이 아닌가. 내가 지금까지 생각했던 예습, 복습 차원의 교육과는 거리가 한참 멀었다. 물론 나중에 나타나는 샛별도 있지만 대부분 학생들이 초등학교 때 순위가 매겨져 있다고 생각하니 희망이 없는 것만 같았다.

영재센터에서는 가끔 시험을 치르고 학부모 면담도 했다. 내가 교수님께 "우리 아이는 선행학습이 너무 안 되어 무척 힘들어한다."고 했더니 그 교수는 우리 애가 들어올 때 구술면접을 가장 잘해 많은 기대를 했는데 약간 실망했다면서 "영재교육은 차례차례 진도를 나갈 수 없고 또 선행학습이 중요한 것도 아니다. 선행이 되지 않아도 문제가 해결되지 않으면 누워서도, 화장실에서도, 차 안에서도 생각하고 연구하면 영재들이라 가능하다. 더 열심히 시켜 달라."고 주문하는 게 아닌가.

나는 '우리 애는 영재가 아니다.'라고 결론을 내리고 '그렇다면 과연 이 중에 그런 영재가 몇이나 되나?' 하는 의문을 가졌다. 얼마 후에 어느 학부모가 오래된 문집을 가져왔다. 6살 때 다니던 사설 영재센터에서 만든 문집이라는데 여기에 다니는 아이들 4, 5명의 사진과 글이 있었다. 이 아이들의 대부분이 6살 때부터 영재교육을 받고 초등학교 4학년부터 수학경시를 준비한 아이들이라는 이야기를 듣고는 위로도 되고 우리 아이에게 미안하기도 했다.

어느 날 한 학부모가 떡을 해 왔다. 신문에 난 '초등학생 영어 토익 만점'의 주인공 엄마였다. 다른 학부모들이 한턱내라고 한 것이다. 나는 그 떡이 목에 차여 먹을 수가 없었다. 우리 애는 수학도 어려워하는데 토익 만점이라는 영어 이야기까지 들으니 떡이 넘어가지 않았다. 우물 안에서 어느 정도는 된다고 생각했다가 우물 밖으로 나오는 과정이 아이에게나 나에게나 힘들었다. 그래도 그 힘든 과정이 있어 지금 이글을 쓸 수 있는 것 같다.

연세대에서 영재센터 학생들을 잘 뽑았는지, 교육을 잘 시켰는지 현재 그 아이들 중에 3~4명이 국제올림피아드에서 수상해 장학금으로 MIT, 스탠퍼드대학 등에서 공부하고 있다. 우리 1학년 3명 중 한 명은 서울과학고를 졸업하고 서울대 의대에 진학했고, 우리 아이와 다른 한 명은 각각 한성과고와 대원외고를 거쳐 카이스트에 다니고 있다.

'이제는 어떡해야 하나?'

중학교 2학년, 영재센터 1년 과정이 끝날 무렵, 영재센터 학부모들한테 조언을 구했다. 상계동에서 과학영재로 온 아이 엄마가 "수학경시는 1년 만에 해내기 어려워도 과학경시는 어느 정도 수준이 되는 아이면 가능하다."며 상계동에 있는 경시학원을 알려주었다. 그의 아이는 초등학교 6학년 말부터 그 학원에 다니며 과학경시를 준비하였다고 했다. 중학교 1학년은 일주일에 한 번, 2학년은 일주일에 두 번 한다면서 자기 아이는 일주일에 한 번씩 하다가 두 번씩 한 지 3개월 정도 되었으니 해보라고 권하였다.

큰아이한테 이야기했더니 당장 가자고 하였다. 이제는 아이도 마음이 급해졌다. 연세대 영재센터에서 잘하는 학생들도 결국 목표는 과학고 진학이었다. 이제는 다른 어떤 방법이라도 해 봐야 되겠다고 생각한 것 같았다.

수학경시를 포기하고 과학경시를 시작하다

연세대에서 돌아오는 그 길로 바로 상계동에 있는 J학원 과학경시반으로 찾아갔다. 학원에서는 시험문제를 주면서 풀어보라고 했다. 우리 아이가 푼 시험지를 보고는 "다른 학원에서 하다가 왔어요? 많이 되어 있네요."라는 학원 선생님 말에 기대를 갖고 과학경시를 시작했다. 1년 반이나 진행된 반이라 걱정했는데 연세대에서 어려운 대학수학을 하다

와서 적응이 되었는지 어렵지 않다며 할 수 있다고 하였다.

첫째가 과학에 관심을 가지기 시작한 것은 초등학교 2학년 때였는가 보다. 힘, 전기, 우주, 에너지 등 10권 정도로 된 과학만화 시리즈를 사 주었더니 밤새 보는 것이었다. 그 책을 거의 찢어질 정도로 보았다. 그리고 친구들 3, 4명과 한 달씩 돌아가면서 집에서 실험을 하는 '과학나라'라는 것을 1년 정도 하였는데 아이가 너무 좋아했다. 지도하는 선생님과 옆에서 보는 친구 엄마들이 "얘는 과학고 보내세요. 실험하는 것을 너무 좋아 하네요."라고 했을 정도였다.

아이는 초등학교 때 서울과학관이나 국립과학관에서 열리는 과학캠프에 기회가 있을 때마다 참여했다. 좋아하니까 본인이 원해서도 가고, 선생님이 보내주어서도 갔다. 중학교에 와서도 책을 많이 읽었다. 〈재미있는 과학여행〉 시리즈, 〈아인슈타인의 세계〉 시리즈 등의 과학책을 읽었고 월간잡지 〈과학동아〉도 정기 구독했다. 아마 그런 것들이 도움이 되었나 보다.

과학경시 전문학원에서 아이는 "선생님도 좋고 수업스타일도 좋다."며 만족한 것 같았다. 겨울방학이 되니까 수업 횟수를 2회에서 3회로 늘렸다. 지금까지는 물리 담당 선생님이 가르쳤는데, 화학 선생님을 시간강사로 초빙한 것이었다. 아이가 3학년이 된 3월에는 물리와 지구과학은 물리 선생님이 맡고, 화학은 일주일에 2회, 생물은 1회 등 일주일에 5회를 하였다. 주말에는 문제풀이를 하였다. 시험처럼 그림을 그려가며 설명하거나 과정을 써 가면서 5월까지 3개월간 계속됐다.

아이는 문제풀이를 계기로 노트정리의 틀을 잡은 것 같았다. 그 선생님은 원칙이 있어 항상 밤 11시에 수업을 끝냈다. 다른 학원에 비하면 매우 경제적이었다. 모두 16명이 학원을 다녔는데 목표로 했던 서울시 과학경시대회에서 금상이 1명, 동상이 5명, 장려상이 1명이었다. 우리 아이는 동상이었다. 동상 이상이면 과학고에 특기자전형으로 갈 수 있었다.

아이가 수상을 하자 나는 학원을 소개 시켜준 엄마에게 "좋은 학원 소개시켜 주어 고맙다."고 전화를 걸었다. 그 아이는 우리 애가 다니기 시작한 지 한 달 정도 뒤에 강남에 있는 유명 학원으로 옮겼다는 말을 들었다. 이 학원이 수업량도 적고, 아무래도 불안하여 옮긴 것 같았다. 나는 그 아이가 잘하는 학생이었고, 시작한 지도 오래되어 당연히 경시대회에 붙은 줄 알았다.

그 엄마는 기운이 하나도 없이 떨어졌다면서 이해가 잘 되지 않는다고 했다. 도봉동에서 강남까지 갈 때는 엄마가, 수업이 새벽 3~4시에 끝나고 돌아올 때는 아빠가 데려왔다고 한다. 남편까지도 밤잠을 못 자고 애를 데리고 온 다음 출근을 해야 하니까 너무 힘들어했다고 한다. 온 식구가 1년 동안 매달렸는데 허무하다고 덧붙였다. 1학년 때는 전교 1, 2등 하던 아이가 3학년 때에는 새벽까지 과학경시를 준비하다 보니 내신 성적마저 떨어졌고, 일반전형으로도 진학이 어려워진 것이다.

모든 것을 올인해서 경시나 올림피아드를 준비했다가 안 될 때에 그 허탈감이란? 지금 생각하면 다른 길, 더 나은 길이 있을 수도 있는데 그 당시는 감당하기 힘든 좌절감이었을 것이다.

과학고 특별전형에서는 올림피아드 동상 이상이고 2, 3학년 내신 성적이 연 석차 10% 안에 들면 무조건 진학할 수 있다고 했다. 일반전형에서는 가산점이 없으면 내신이 거의 톱이어야만 가능했다. 서울에 있는 중학교 수는 400개가 채 안 되고 두 과학고 입학 정원은 280명이다. 그중에 과반수는 올림피아드 수상 특별전형과 영재 특례입학이다. 내신으로만 가려면 두 학교에 한명 꼴이니 아무리 내신 성적이 좋다고 하여도 안정권이라고 말하기는 어렵다.

같이 경시학원을 다닌 아이 친구 중 한 명은 과학고 입학허가서나 다름없는 서울시 경시대회에서 동상을 타고도 내신 부족으로 과학고 진학에 실패했다. 내신이 그만큼 중요하다는 이야기이다. 학원에서는 과학경시를 준비하는 동안이라도 학교 시험이 있기 2주전부터 수업을 중단하고 내신을 준비하라고 자유시간을 주었다.

수학, 영어 같은 주요 과목은 시간이 되는 방학에 선행학습을 하고 과학은 경시를 대비해서 공부하니 별 문제가 없었다. 2주면 충분했다. 성적은 영재센터에 다닌다고 아무 것도 하지 않은 1학년 때보다 더 좋았다. 이제는 내신 공부하는 방법도 능숙해져 먼저 교과서와 노트로 공부한 뒤 과목별로 문제집을 풀고 종합 문제집으로 테스트하여 하나라도 틀리면 다시 공부했다. 당시 연 석차 10%는 어느 정도 자기관리 능력만 있으면 가능했다. 성적, 출결사항, 임원, 수상경력 등을 점수화하여 등수를 매긴 것이다.

우리 아이는 3학년 1학기 중간고사 중 체육 실기에서 430등이라는 아찔한 등수를 받았다. 하지만 마지막 전체 성적은 1% 이내여서 별 문제가 없었다.

성적이라는 것이 잠깐 잘못하면 복구가 불가능하게 떨어진다. 우리 아이는 체육을 그렇게 못하는 아이가 아니었다. 보통 때는 20등 정도를 유지해 걱정하지 않았는데 그때는 공교롭게도 실기시험은 둘 다 잘 못하는 핸드스프링과 조별 농구대회였다. 둘 다 C를 받으니 기가 막혔다. 가장 중요한 시기에 브레이크가 걸리는 게 아닌가 걱정이 되었다.

학교만 믿고 준비하지 않으면 부모로서 직무유기

우리 애는 특별전형으로 1학기에 사실상 입학이 결정되어 쉽게 과학고에 갔다고 생각했었는데 지금 돌이켜보니 가슴 졸이던 일이 여러 번 있었다. 큰애가 다닌 학교는 신설학교로 과학고에 대한 정보가 거의 없었다. 우리 애가 4회인데 그때까지 2년 선배 한 명이 학교장 추천으로 과학고에 진학했을 뿐이었다. 경시 특별전형으로 진학한 학생이 없었고 선생님들도 과학고 입학전형을 정확히 몰랐다. 한 학교에서 1년에 한 명 정도가 갈 정도이니 굳이 모든 선생님이 알 필요도 없었다.

아이 둘을 대학에 보내면서 돌이켜보면 특목고나 대학 진학 시 담임 선생님만 믿고 아무 준비도 하지 않는 것은 부모로서 직무유기라는 생각이 절로 든다. 입학전형이 너무 복잡해 담임선생님이 수십 명에게 알맞은 전형을 찾아 준비시킨다는 게 불가능하다. 치맛바람이 아니라 자기 아이에 대해 가장 많이 아는 부모가 아이들이 노력해온 결과를 근거로 좋은 결실을 맺게 도와주는 것이 가장 효율적이다.

그해 과학경시반에서 함께 공부했던 친구의 형들 중 1명은 서울과학고 3학년을 마치고, 다른 아이 형은 한성과학고 2년을 조기 졸업하여 서울대 전자공학과에 진학했다. 아이들은 이 선배들의 경험을 거울삼아 두 명은 서울과학고, 다른 두 명은 한성과학고를 원했다. 우리 애는 서울과학고를, 나는 한성과학고를 희망했다. 아이가 좀 더 여유 있는 고교생활을 하였으면 하는 바람과 더 이상 영재센터에서의 마음고생을 되풀이하고 싶지 않았다.

한성과학고는 100% 안정권인 반면 서울과학고는 과학 특기자전형이 동상에서 잘리는데 3학년 수학성적에 의해 좌우된다. 3학년 과학은 1등인데 수학이 1년간 4회 시험에서 1개를 틀려 6/521 이었다. 1%가 약간 넘는 성적이었다. 아이는 특별전형이 안 되면 일반전형으로라도 가겠다고 하였지만 불안했는지 마지막 날에 마음을 돌렸다.

한성과학고 합격자 발표일에 담임선생님은 무척 좋아하셨지만 우리는 경시 발표일에 이미 합격이 결정된 것이나 다름없어 하나의 의식일 뿐이었다.

과학경시대회에서 수상한 아이 중 의대와 서울대를 목표로 하는 애들은 바로 고등부 올림피아드를 준비하고, 카이스트를 목표로 하는 우리 아이는 영어와 수학을 공부하였다.

과학고에서 토플로 수업을 한다고 하여 합격자 발표 후 바로 〈종합영어〉를 시작하였다. 여기서 문제가 발생했다. 초등학교 때 영어 공부는 영어도 언어라는 생각으로 국어 공부를 하듯이 시켰다. '책을 좋아하니까 보겠지.' 하고 단어 몇 개만 알려주고 영어동화책을 단계별로 사주었다. 단어가 조금 나올 때는 잘 하더니 500 단어 이상 나오니까 하지를 않았다. 방법을 바꿔 500 단어 이상 나오는 영어 추리소설을 사 주었다. '가장 좋아하는 추리소설이니까 내용이 궁금해서라도 보겠지.' 했던 계산은 보기 좋게 빗나갔다.

역시 외국어는 다른 사람들이 공부하듯이 학원에 다니면서 배우고 소설책 등은 방학을 이용해서 보는 것이 맞는 모양이다. 너무 이상적으로 생각했다. 중학교에 가서도 문법책만 조금 보고, 영어회화 학원 4개월 다니고, 학교영어 외에 더 이상의 영어 공부는 하지 않았다.

지금 와서 돌아보면 엄마가 무지한 이상주의자라 고생을 많이 시켜 미안하다는 생각뿐이다. 그 초등학교 긴 시간 동안 운동, 바둑, 피아노 등 나중에 해도 충분한 것들만 어쩌면 그렇게 열심히 시켰는지 모르겠다. 그 영어는 대학 입학시험에서도 우리 아이의 발목을 잡았다. 그러나 본인은 영어 공부를 안 해서 후회된다는 말은 한마디도 없고 "피아노를 배울 때 좀 더 열심히 하지 않은 것이 후회된다." 면서 지금도 집에 오면 열심히 피아노를 친다.

수학에 대해서도 할 말이 많다. 아이는 중학교 1학년 과정까지 혼자 공부하다가 연세대 영재센터에서 세계에서 순위를 매기는 국제올림피아드를 준비하는 아이들과 대학수학을 했다. 그러다가 제자리에 와보니 중2, 중3 과정도 학교에서 배우는 수준 정도만 했지 심화학습은 안 했었다. 그렇다고 중2부터 할 수도 없고, 중3 고급수학과 고등학교 공통수학을 과학경시를 같이 한 학생들과 함께 팀을 짜 경시학원에서 했다. 학원도 조기교육이 필요한가 보다.

아이는 그때까지 학원을 가지 않고 자기 수준에 맞게 문제양이 적은 걸로 슬슬 하다가 갑자기 〈수학의 정석〉을 하루에 3과씩 나가니 그 과제물을 감당하기 어려운 것 같았다. 속도도 느리고, 밤을 새면서 하는 스타일도 아니어서 아마 과제물의 반도 못 해 갔을 것이다.

과학고에 입학할 때까지 공통수학 진도는 다 나간 것 같은데, 그다지 도움이 된 것 같지는 않았다. 지금도 학부모들을 만나면 하는 말인데, 과제물을 못하는 학원은 다녀도 의미가 없다. 특히 수학의 경우 더 그렇다. 바쁘기만 하지 내 것이 되지 않는다. 본인이 소화할 수 있을 정도로만 해야 한다. 소화하지도 못하는 것을 부모 욕심에 이것, 저것 시키는 것은 경제적, 정신적, 시간적 손실이다. 부모의 정신적 위로일 뿐이다.

목표를 정하고 빨리 준비하라

과학고가 정해지자 큰애는 카이스트에 관한 책을 보았다. 드라마와 달리 대부분 카이스트가 맞지 않아 진로를 바꾼 학생들이 쓴 책이라서 분위기가 어둡고 부정적인 면이 많은 책이었다. 아이는 "카이스트가 맞지 않는 것 같고 연구원 기질도 아니다."라면서 화학올림피아드를 준비하겠다고 했다. 학원을 알아보았지만 중학교 경시 발표 후 바로 중3 여름방학부터 진도를 시작하는 바람에 맞는 학원이 없었다.

'성격이 팔자를 좌우 한다.'고 하더니 아이는 어려서부터 과자 1개를 사면서도 5분 이상을 고르는 스타일이다. "맛이 없어 나중에 후회할까 봐."라는 게 이유이다. 좋은 점도 있었지만 한 박자 느린 결정으로 많은 기회를 잃었다.

화학올림피아드는 보통 가을에 있다. 과학고는 일반적으로 조기 졸업하기 때문에 과정을 1년 6개월로 생각해야 한다. 1학년에 수상을 해야 2학년 조기졸업 후 대학에 갈 때 가산점이 되는 것이다. 다른 학생들보다 8개월 늦게 시작해서는 거의 불가능하다. 잘못하면 내신까지 떨어져 카이스트 진학도 힘들다.

학교에 들어가서 시작한 1학년 화학올림피아드는 결국 실패했다. 성격 때문인지 1학년 겨울방학에도 그것을 하고 있었다. 그 당시 2학년 올림피아드는 국가대표를 뽑기 위한 1단계 과정이어서 수상자 수가 적었다. 1학년 수상자도 2학년 때 입상이 어려웠다. 2학년에 새로운 수상이 나오기는 정말 어렵다는 것을 알면서도 아이는 손을 떼지 못했다. 일종의 중독인지, 재미인지 몰라도 옆에서 보는 나는 힘들었다.

2학년 1학기 말이 되니까 친구들은 카이스트와 포항공대에 원서를 쓰느라고 야단인데 본인은 진로를 정하지 못해 원서를 못 쓰겠다고 했다. 원서 쓰는 친구들을 목표도 없이 무조건 대학에 간다고 오히려 비판했다. 그러면서 "카이스트나 서울대 공대가 아니라 법대를 갈까? 의대에 가서 법률대학원으로 진학해 의료 전문변호사가 될까?" 하면서 문과, 이과를 넘나들며 수능을 준비하겠다고 했다.

수능을 준비하는 학생들은 1학년 겨울방학부터 팀을 모아 학원과 학교에서 별도로 공부를 했다. 항상 한 학기가 느렸다. 여름방학에 입시학원을 한 달 다니더니 "문제를 골라서 풀어주면서 내게 쉬운 문제는 '이것은 새로운 문제예요' 라며 풀어주고, 내가 모르는 문제는 그냥 넘어가요. 시간낭비예요. 안 다니고 혼자 할래요." 라며 학원도 그만두었다.

3개월 동안 수능을 준비하고 시험을 치렀다. 과학고 학생들의 가장 난제는 언어다. 그러나 우리 아이는 독서를 좋아해서인지 언어는 잘했다. 그러나 이번에도 영어가 문제였다. 유난히도 영어가 쉬웠다고 하나 별 의미가 없었다. 그 당시는 1단계에 수능만 들어가고 2단계에 내신과 심층면접이 들어가, 과학고에서도 정시로 서울대에 가는 것이 그다지 어렵지 않았다. 내신 불이익을 심층면접에서 만회할 수 있었다. 미리 준비한 친구들은 2학년 때 정시로 서울대, 의대 등으로 가기도 했다.

3학년에 남았다. 전년도 같으면 충분히 가능할 것 같았던 서울대 의대 지원자 6명이 탈락해 모두 남았고, 다른 꿈을 갖고 수능으로 도전하겠다는 학생, 고등학교 3년도 짧은데 2년 만에 왜 학교를 끝내느냐라는 소신파도 남았다. 학교 수업분위기는 매우 좋았다. 남은 학생은 50명인데 학급은 6학급이라 한 학급당 8명 정도였다. 모든 수업이 소수 정예반이었다.

대부분 과목이 진도가 끝나, 학생들은 자기가 부족한 부분을 알아서 하고 선생님들은 질문에 답해 주는 식이었다. 열심히들 했다. 우리 애는 부족한 영어에 많은 시간을 투자했다. 1학기 말이 되니까 1학기 수시를 쓰느라고 학교가 다시 소용돌이쳤다. 과학고 학생은 대부분 수시로 서울대 공대, 카이스트, 포항공대, 연세대 등으로 진학한다. 정시로 가는 학생은 10%도 안 된다. 담임선생님은 수시 지원을 강력 추천했으나 우리 아이는 고집을 부렸다.

결국 수능을 치렀다. 관건인 영어가 어려웠으며 안 나오던 문법이 4문제나 나왔다고 했다. 그러나 우리 아이한테는 어려운 문법이 문제가 아니라 독해 속도가 문제였다. 독해는 어느 정도 연습한다고 빨라지는 게 아닌가 보다. 문제를 다 풀지 못하는 바람에 뒤에 나오는 3점짜리를 틀렸다. 다른 과목에서 틀린 개수의 합과 영어에서 틀린 개수가 똑 같았다. 우리 애는 언어문제가 쉽게 나오거나 어렵게 나오거나 점수차가 별로 없는 편이었는데, 그해 언어문제가 쉽게 나오면서 언어를 잘못하던 친구들의 점수가 10점 이상 올라 고득점자들이 많아졌다. '수학 가' 시험이 '수학 나'보다 어려우면서도 표준점수가 크게 낮아 문과인 법대를 지원한다는 것은 말도 안 되었다. 서울에 있는 의대 중에 언어가 안 들어가는 대학은 있으나 영어가 안 들어가는 대학은 없었다.

과학고에서는 정시로 대학에 진학하는 학생들이 별로 없으니까 정시 전형에 대한 정보가 부족했다. 정확한 정보가 아니라 전년도 예를 참고로 하는 것 같았다. 학교에서는 정시로 카이스트가 어렵다면서 서울대 공대를 추천했지만 전년도와 달리 1단계에 내신이 들어가 여기도 어려웠다. 결국 1년 전에 가지 않았던 카이스트를 정시로 갔다. 요즘같이 복잡한 대학 입시일 때는 더욱 잘 생각하고 판단하여 목표를 정하고 빨리 준비해야지, 과학고의 2년은 너무 짧다.

남이 가지 않는 길을 선택하다

초등학교 5학년이던 둘째가 "피아노는 그만 하고 게임을 만드는 프로그램을 배우고 싶다."고 하였다. 동네 학원마다 전화로 그런 과정이 있느냐고 물었더니 전부 정보처리기능사 정도의 베이직 프로그램 기초만 가르친다고 하였다. 그것은 내가 아이들 어렸을 때 해봐서 아는데, 프로그램이라고 할 수도 없었다.

얼마 후 남편이 〈신동아〉를 가져왔는데, '한국의 영재들'이란 칼럼에 수학, 과학, 정보 영재들에 대한 글이 있었다. 며칠 후 아이들이 보는 〈생각쟁이〉라는 잡지에 정보올림피아드 수상의 글이 실렸는데, 학원 이름까지 거론하면서 원장님께 감사하다는 것이었다.

나는 114에 전화를 걸어 학원 전화번호를 알아내고 위치를 확인했다. 다음날 아래층 아이 엄마하고 학원을 찾아갔다. 다행히도 학원은 같은 강북권에 있었다. 그러나 교통은 그리 좋은 편이 아니라 차를 갈아타야 했다. 그때가 겨울방학이 거의 되었을 때이다. 아랫집 아이는 6학년이었다.

고민에 빠졌지만 확실한 특기를 선택하다

그 당시 전국에서 정보올림피아드를 준비하는 학원은 여기뿐이었다. 국제정보올림피아드 수상들도 거의 이 학원 출신자들이었다. 부산에서 주말을 이용해 오고, 대전에서 다니는 애도 있었다. 부천, 분당은 멀다고 할 수도 없었다. 원장 선생님의 이야기를 들으니, 내가 지금까지 전혀 알지 못하던 분야를 어떻게 그렇게 많은 사람이 알고 와서 교육을 받는지 신기했다.

3개월 정도 C++ 책으로 혼자 컴퓨터를 쳐가며 프로그램을 익히고 그 다음부터는 학원에서 문제를 주면 전 학원생이 그 문제를 풀고, 2~3시간 후에는 그 문제를 토론하며, 자기가 짠 프로그램을 나가서 발표하고, 서로 질문하고 토의하여 가장 쉽고 빠르고 정확한 방법을 찾아낸다는 것이었다.

초등학생부터 고등학생까지 같은 교실에서 같이 배우며 고등학생도 잘 못하면 초등학생에게 물어보고 초등학생도 고등학교 형에게 물어보며 서로 배운다고 했다. 프로그램을 한번 짜기 시작하면 몇 시간이 걸려 보통 기초반은 평일, 고급반은 주말에 한다는 것이었다. 그 학원을 다녀오고 나서 고민에 빠졌다. 여기에 모든 것을 걸어야 하나.

우리 컴퓨터는 남편 친구가 조립한 것이었다. 새로운 버전이 나올 때마다 친구 분이 수고를 하며 온 식구들이 함께 쳐다보았는데 나중에 그것을 아는 사람은 항상 둘째였다. 컴퓨터에 관심도 많고 흥미도 있는 것 같아서 시키고는 싶은데, 한창 주요 과목을 공부해야 할 초등학교 고학년이었다.

대단한 결단이 필요했다. 어느 정도의 수준이 될 때까지는 학교 시간 외 모든 시간을 여기에 투자해야만 했다. 방과 후는 물론이고 주말, 방학까지도 거의 합숙하면서 프로그램을 공부한다는 것이었다. 고민 끝에 남편에게 이야기했더니 남편은 한마디로 시키라고 했다. 이유는 간단했다.

"남들보다 나은 확실한 한 가지 특기는 있어야 한다. 그것이 컴퓨터라면 더욱 좋다."

정보가 무엇인지도 모르고 컴퓨터 프로그램을 배운다고 찾아간 학원에는 긴장감이 돌았다. 6학년, 한 해 동안 방과 후는 물론 주말, 방학까지 거의 모든 시간을 컴퓨터 프로그램 코딩에 투자했다. 목표는 한국정보올림피아드 수상이었다.

나도 둘째는 큰애와 다른 것을 시키고 싶었다. 둘째는 최소한 집안에서도 일인자가 어려웠다. 무엇인가를 형보다 잘하고 싶어한 아이는 초등학교 1학년 때 삼국지를 수십 번 읽고, 삼국지에 나오는 전쟁 장면을 모두 스케치북에 그리며 아빠와 형이 이야기할 때 끼어들었다. 역사책을 외울 정도로 읽은 아이는 고구려부터 왕의 계보를 써가며 줄줄 꿰뚫어 형이 모르는 것을 자신은 안다고 자랑하며 인정받고 싶어했다.

정보를 선택한 것은 그런 면에서는 적중했다. 특수성으로 인해 얼마 배우지 않아 지역 교육청 정보올림피아드에서 초등부 금상을 받았다. 그 학원에서는 컴퓨터 공부만 시킨 게 아니라 각종 시험정보를 잘 알아 초등부 수학, 과학 경시대회 등을 준비시켜 주었다. 아이가 여기에 힘입어 교내 대회에서 수상하니 자기가 최고인줄 알았다.

중학교에 들어가서도 우리 아이는 스타였다. 신설 학교라 몇 분 되지 않는 선생님이 새로운 프로그램을 깐다고 일주일 동안 절절 매는 것을 우리 아이가 10분 만에 해결해 드렸으니 선생님들 사이에서도 인기가 높았다. 아이는 매일 선생님 컴퓨터에 프로그램을 깔아주고 문제 있는 컴퓨터는 손보느라 교무실에서 살다시피 하였다. 선배가 없어 모든 선생님의 관심이 이 학년에 집중되었다. 성적도 좋고, 서울시 교육청에서 상을 받고, 서울대 과학영재센터에 합격하여 교육을 받은 우리 둘째 성적에 교장 선생님까지도 신경을 쓰셨다. 주위의 관심과 본인의 자신감이 중요한 시기에 열심히 할 수 있는 힘의 원천이 되었다.

그러나 이러한 일들이 아직 미숙한 나이에 좋은 것만은 아니었다. 자신감은 충만했지만 내실이 없었다. 모든 것이 적당해야지, 넘쳐도 문제고 부족해도 문제다.

지금은 비슷한 학원이 몇 개 있지만 그 당시 이 정보학원에는 각지에서 모인 천재급 아이들이 있었다. 중학교 3학년 어떤 아이는 국제정보올림피아드 금상, 전국과학경시대회 금상, 수학올림피아드 금상 등 1년간 열린 큰 시험에서 3관왕을 차지하였다. 우리 아이가 그런 아이들과 생활하다 보니 이들의 능력과 자신의 능력을 같다고 생각하여 무엇이든지 쉽게 여기고 대충 하는 것을 알게 됐다.

그 이후로 나는 아이의 자신감을 키워주기보다는 현실을 직시하여 떠있는 자신감을 가라앉히는 일을 주로 했다. 각 과학고마다 정보올림피아드 수상 전형이 있는데 합격자는 대부분 이 학원 출신이었다. 1년에 3, 4명이 국제정보올림피아드에서 수상해 장학금으로 미국 유명 대학에서 공부하고 있었다. 실력은 천차만별인데, 꿈은 모든 아이들이 똑같이 꾸고 있었다.

돈 아끼려다 하마터면 재능을 모를 뻔하다

둘째를 과학고에 보낸다는 생각을 한 적이 없었다. 물론 컴퓨터를 좋아하고 수학에서도 문제 해결능력이 있었다. 그런데 과학책보다는 역사책을 좋아했다. 무엇보다 과학실험을 좋아하는 큰애를 따라 둘째도 과학프로그램을 시켰는데, 별로 집중하지 않았고 재미를 느끼지 못하는 것 같았다. 과학적 호기심도 별로 없어 보였다.

나중에 둘째한테 그 이야기를 하며 그때 내 생각을 말했더니, 눈물을 글썽이면서 "엄마가 형이 쓰던 재료가 너무 많이 남았다며, 그것을 사용하라고 해서 실험을 제대로 할 수 없었는데 어떻게 집중할 수 있어요. 실험은 재료가 99%가 있어도 1%가 없으면 안 되는데."라고 말하는 게 아닌가. 그 말이 맞았다. 그런데 "왜, 그때는 얘기하지 않았어?"라고 했더니 "내가 봐도 거의 다 있어서 새로 사 달라고 할 수 없었어요."라고 말 못한 사정을 들려주었다.

이 말을 듣기 전에는 그런 사실은 전혀 알지 못하고 아이가 과학에 흥미가 없어 열심히 하지 않는다고만 생각했다. 우리는 둘째들이 형의 것을 물려받는 것에 대해 불만이 많다는 이야기를 다른 사람들한테 들어 알고 있었기에 아이들 옷이나 운동화 등을 살 때는 될 수 있는 대로 같이 사 주었다. 그래서 둘째의 이런 불만은 없을 거라고 생각했다. 둘째는 중학교에 가더니 "형이 공부하다 남은 문제집을 주지 말고 새로 사 주세요."라고 했다.

그때까지는 큰애가 풀다 남은 문제집을 둘째가 싫어한다는 생각을 한 번도 하지 못하고 혹시라도 큰애가 푼 부분을 풀지 않고 넘어갈까 봐 지워주면서 풀라고 하였으니……. 그것도 싫었나 보다. 그 한이 쌓여서인지 고등학교에 가서 잘 풀지도 않으면서 걸핏하면 책을 사달라고 하여 돈이 몇 배는 더 들었다. 돈 좀 아끼려고 형이 쓰던 실험도구와 참고서를 물려주다 아이 적성을 모를 뻔하였다.

아이가 집 근처 중학교에 진학하니 초등학교를 옮겨놓은 것 같았다.

한 반에 2명 정도만 다른 학교 출신이고 나머지는 같은 초등학교 출신이었다. 아이는 "초등학교 수학경시대회에서 잘해서인지 다른 친구들이 네가 1등 할 것 같다고 한다."면서 정보올림피아드를 준비하면서도 학교공부를 열심히 하였다.

나는 둘째를 아직 어리다고만 생각해서인지 시험공부라고 하고 있는 것이 재미있었다. 기대를 안 했는데 막상 시험을 보고 나니 틀린 게 거의 없었다. 그러나 성적표에 백점으로 나온 것이 없었다. 하다못해 사회, 과학까지 3, 4점씩 수행점수가 깎였다. 생각보다는 잘한 편이었다.

두 아이는 성격이 너무 달랐다. 큰애는 자기 내부에서 동기부여가 되어야 하는 반면, 둘째는 외부의 영향을 많이 받았다. "네가 1등 할 것 같아."라는 "친구들의 말에 열심히 한 것 같다. 아이는 부모의 기대만큼 큰다고 하더니 내가 '생각보다 잘했다.'라고 생각해서 그런지, 아니면 본인이 이 정도면 최소한의 체면은 유지했다고 생각했는지 그 다음부터는 첫 시험만큼 열심히 하지 않았다.

중학교에 가서 1년 내내 정보올림피아드 준비만 할 수는 없었다. 올림피아드는 5월 지역 교육청 대회부터 7월 전국대회까지 이어졌다. 여기에 맞춰 봄방학부터 7월까지 1학기를 거의 정보에 집중하고, 2학기에는 영어와 수학을 했다. 같은 특성을 가진 올림피아드 준비생들과 함께 팀을 모아 정보학원에서 대학생이 된 학원선배들에게 배웠다. 1학기는 올림피아드를 준비하느라 못하고 2학기만 영어, 수학을 공부했는데, 연결이 되지 않아서였는지 만족할 만큼 실력이 늘지 않았다.

서울시 정보올림피아드는 지역 교육청별 예선을 거친 아이들이 각

10명씩 출전한다. 잘 알려지지 않은 사실이지만, 교육청별로 아이들 실력 차가 커 '실력이 약한 지역'으로 이사하는 집도 더러 있다. 서울시 정보올림피아드에서 15위(여학생 1명 포함) 안에 들어야 전국 올림피아드에 진출할 수 있다. 과거에는 서울시 올림피아드가 전국 올림피아드보다 더 어렵다고 하였다.

전국 올림피아드에서 동상 이상을 수상해야 과학고 정보 특기자전형의 티켓을 얻고, 은상 이상이라야 국제올림피아드 교육을 위한 계절학교에 들어 갈 수 있다. 학년별로 뽑는 것이 아니라 중등부는 중학교 전체, 고등부는 고등학교 전체에서 선발하니까 한 학년당 평균 5, 6명 정도였다.

정보올림피아드를 준비하는 대부분의 학생은 전국올림피아드에서 은상 이상을 받아 국제올림피아드를 위한 계절학교를 들어가 국가 대표로 국제올림피아드에서 수상하는 게 목표다. 국제대회에서 수상하면 국내대학은 물론 외국대학 진학에도 가산점이 있고, 장학금을 받기 쉬워 경제적으로도 큰 도움이 된다.

2학년 겨울, 공부방식을 바꾸다

2학년 때 서울시 정보올림피아드에서 동상을 타는 데 그쳐 전국대회에 나가지 못하였다. 많은 시간을 투자했는데 최소한의 목표도 달성하지 못했다. 그렇다고 다른 경시 준비생처럼 학교 교과목에 대한 선행학습을 한 것도 아니었다. 2학년 겨울방학이 되니까 마음이 급하였다.

"학원을 바꿔보자."

나의 제안에 아이도 찬성이었다. 이 학원의 특징이 토론식 수업이라면 우리가 가려는 학원은 주입식 학원이었다. 이 학원은 오래 되고, 초등학교부터 고등학교까지 같은 교실에서 같이 토론하는 수업방식이라 선후배 관계도 좋았다. 잘하는 아이들이 많아 그만두기 아까운 학원이었다.

그런데 이 토론식 수업이라는 것이 잘하는 학생들에게는 장점이 될 수 있지만 그렇지 않은 학생에게는 그냥 지나치는 부분이 있는 것 같았다. 아이는 무엇을 모르는지도 모를 수 있고, 대충은 아는데 확실히 몰라 활용하지 못하는 것도 있었던 것 같았다.

겨울방학부터 학원을 옮겨 한번 정리를 하니까 어느 정도 자신이 생긴 것 같았다. 대회가 임박해 오자 학원에서 새벽 1시까지 하고 왔다. 집에 와서도 한두 시간씩 더 하면서 "2주일만 더 한다면 최상위 형들만큼 실력이 될 텐데……."라며 못내 아쉬워했다. 지금까지 볼 수 없었던 행동이었다. 이제는 둘째가 과학고를 가고 못 가고의 문제가 아니라, 이 정도까지 했는데 못하면 내가 앞으로 이 아이의 능력을 믿을 자신이 없다는 것이 더 문제였다.

아이가 가장 가까이 있는 부모의 믿음조차도 얻지 못하면 무엇을 할 수 있을까. 생각하니 나도 절박했다. 다행히 아이는 서울시 대회에서 금상을 받아 전국올림피아드에 나갈 수 있었다. 전국대회에서도 좋은 성적을 기대했으나 동상에 그쳤다. 계절학교는 갈 수 없었지만 과학고는 갈 수 있었다.

전국올림피아드 동상이어도 서울시 대회에서 금상을 받아 서울과학고 진학이 가능했다. 하지만 나는 큰애가 다니고 있는 한성과학고를 원했고, 본인도 한성과학고를 원했다. 초등학교 때부터 한성과학고를 다니는 형들이 가끔 학원에 찾아오면 멋있고 여유 있어 보이고 부러웠다고 했다. 주말이면 형이 와서 들려주는 기숙사생활을 하는 학교 이야기가 재미있었나 보다.

과학고가 정해진 후 수학과 과학경시를 준비한 학생은 그 과목의 선행학습을 하지 않아도 되지만 정보경시를 한 학생은 모든 과목을 다 해야 한다. 중학교에 다닐 때도 컴퓨터 공부만 많이 했지, 다른 심화 학습이 되어 있질 않아 과학고에 진학해도 걱정이었다.

아이는 입학하자마자 형이 3학년이고 아는 선배들도 많아 신이 나서 다녔다. 학교 전체 임원을 맡고, 운동도 열심히 하고, 정보올림피아드 전국 동상도 받았다. 다른 과목과 달리 정보올림피아드는 중학교 내용이나 고등학교나 별 차이가 없어 중학교 때 열심히 해두면 고등학교 때 수상도 가능하다.

과학고는 일반 고등학교 3년 과정을 심화학습으로 1년 6개월에 거의 마치니 선행학습이 되어 있지 않으면 좋은 성적을 기대하기는 어렵다. 정보올림피아드를 할 경우 수학이나 과학올림피아드를 하는 학생들과는 달리 수학, 과학을 다 공부해야 되므로 더 많은 양의 공부를 해야 한다. 일반적으로 정보올림피아드로 성공한 학생들은 대부분 수학이나 과학올림피아드를 같이 준비한 학생들이다.

둘째는 수학, 과학이 선행이 되어 있지 않아 중학교 내내 수학, 과학만 공부한 아이들과 경쟁하기가 어려웠다. 아이는 인간관계나 리더십,

장래희망으로 보아 종합대가 좋을 것 같다고 했고, 나도 아들 한 명은 데리고 있고 싶었다. 본인은 나름대로 열심히 했겠지만 만족할 정도의 내신 성적이 나오지 않아 목표로 했던 S대는 떨어지고 조기졸업전형으로 연세대에 입학하였다. 4년 동안 탐색하면서 본인에게 맞는 길을 찾으리라 믿는다.

정보올림피아드 특별전형으로 같은 학교에 입학한 다른 4명 중 1명은 카이스트에 가고, 나머지 3명은 3학년에 남았다. 국제올림피아드에서 수상한 한 명은 미국 대학으로 가기 위해 공부하고 있고, 다른 2명은 서울대를 목표로 준비하고 있는 것 같다.

일반전형을 목표로 한 과학고 준비는 무의미

우리 아이 둘은 과학경시와 정보올림피아드를 통해 과학고에 진학했다. 과학고 입학전형으로는 크게 특별전형과 일반전형이 있다. 특별전형에는 올림피아드 입상, 학교장 추천(내신), 영재교육원 수료 등이 주요 내용이다. 우리는 다시 한다 하여도 올림피아드 전형으로 준비할 것 같다.

학교장 추천은 공부도 잘해야 하지만 실수가 없이 완벽해야 한다. 대부분 중학교 시험이 난이도가 없어 하나만 틀려도 동점자들로 백분율이 떨어진다. 3학기 내내 수학, 과학 두 과목 중 한 개만 틀려도 장담하기 어렵다. 일반전형은 특별전형에서 떨어진 학생들이 거의 대부분이다. 처음부터 일반전형을 목표로 준비하는 것은 무의미하다.

우리 아이에게 과학고의 중요성을 어렴풋하게나마 일깨워준 남편의 직장 동료 집 아이는 일반전형으로 서울과학고에 합격했다.

그 여학생은 초등학교 5학년 때부터 과학고를 목표로 전문학원까지 다니며 열심히 하였다. 중학교 첫 중간고사도 전교에서 가장 잘했다고 한다. 3년 내내 공부를 열심히 해 전교 1, 2등을 놓치지 않았다. 그 집에 가보면 학원에서 받은 영어 프린트를 대학노트에 붙여 공부해 놓은 것, 수학문제를 풀어 놓은 것들이 잔뜩 쌓여 있었다. 그것만 봐도 뿌듯할 것 같았다.

2학년 여름방학부터 과학경시 특별전형을 대비해 경시공부를 해 3학년 때 장려상을 받았다. 동상까지가 과학고 특별전형이라 경시전형에는 지원하지 못하고, 중학교 내신이 수학, 과학 1% 이내인 학교장 추천 특별전형으로 접수하였다. 그러나 백분율로 하다 보니 낙후된 지역이나 학생 수가 많은 지역이 유리해서인지 특별전형으로는 되지 않고 일반전형으로 입학하였다. 이처럼 일반전형 합격자들은 거의 대부분 과학경시, 올림피아드, 학교장추천, 영재전형에서 1차 탈락한 학생이 구술면접을 통해 들어오는 것이다.

그 아이가 과학고에 입학한 뒤 그 집 부부와 우리 부부는 식사를 마치고 청평으로 드라이브를 갔었는데 그 엄마가 차멀미를 했다. "이전에 전국을 누비며 다녔었는데 아이가 과학고 준비하는 4년 동안 강동구 밖을 거의 나가지 못해 그런 것 같아요."라는 그 엄마의 말에 큰 과업을 달성한 사람들 같아 대단해 보이기도 하고 부럽기도 하였던 기억이 난다.

그 아이는 과학고에 가서도 모든 과목의 선행학습을 했고, 과학경시까지 하여 내신이 괜찮았다고 한다. 모든 과학고가 그렇지만 특히 서울과학고는 10% 정도의 천재성이 있는 아이들이 있다. 그들이 최상위그룹을 형성하고, 그 다음을 선행학습이 되어 있고 집중력이 있는 성실한 학생들이 차지하는 것 같다. 그 아이는 카이스트를 거쳐 지금 미국 대학에서 석사과정을 공부하고 있다. 그 학생과 5년차인 남동생도 같은 학원을 다녔다. 그때부터는 과학고 들어가기가 더 어려워져서인지 1년 빠른 4학년 겨울방학부터 시작하였다. 아이는 같은 방법으로 공부해 화학올림피아드 은상을 받아 가산점을 받고 일반전형으로 한성과학고에 입학하여 우리 둘째의 1년 후배로 같이 다녔다.

두 아이 과학고 보낸 나의 성공비결

서울에서 가장 낙후된 지역으로 꼽히는 우리 동네에서 두 아이를 과학고에 진학시키는 데는 교육에 관심이 많은 사람들과 친밀하게 지낸 것이 도움이 된 것 같다. 지금 와서 보면 나만이 아니라 나와 친하게 지낸 사람들도 다들 남부러워하는 학교에 아이들을 보냈다.

첫 번째로 꼽을 수 있는 사람은 앞서 이야기한 것처럼 우리 첫째에게 과학고의 존재를 알려준 남편 직장 동료의 집이었다. 그 집 아이가 과학고 준비를 위해 여행을 그만두고 학원을 다닌다는 이야기를 듣고 좋은 방법이라고 생각했고 '우리 아이만 좋다고 하면 상계동 방면에도 이런 학원이 있으면 보내야지.' 하고 마음먹었다.

여자들만 모이면 아이들 공부이야기를 하는 것은 아닌가 보다. 남편은 그분만 만나고 오면 중계방송을 하였다.

"전교 1등을 했다." "서울대 영재센터에 선발되었다." "서울과학고에 합격하였다." 등의 이야기가 우리에게 좋은 정보가 되면서도 압박으로 돌아와 나도 모르게 긴장감을 안겨주었다.

교육에 관심 많은 사람과 친하게 지내기

여기에서 빠질 수 없는 사람이 우리 둘째와 정보올림피아드를 같이 한, 아래층 사는 아이 엄마다. 그 엄마는 야무지고 판단이 빠르며 가슴이 따뜻한 전형적인 현모양처이다. 우리 아파트에 살다가 남편 직장문제로 2년간 지방으로 내려갔다가 아이가 초등학교에 들어가면서 다시 올라왔다. 그 아이는 유치원 2년 동안 지방에 살았던 것이 많은 마이너스가 되었을 것이지만 올라오자마자 엄마가 빠른 판단으로 바로 대처해 제자리로 돌아올 수 있었던 것 같다.

그 엄마는 얼마나 욕심이 많았던지 초등학교 1학년 여름방학에 우리 아이가 과제물상을 받자 "왜 나한테 얘기해 주지 않았어요?"라고 했다. 사실 초등학교 1, 2학년 과제물상은 학생상이 아니라 학부모상이나 다름없다. 엄마 아빠가 얼마나 잘 지도해 주느냐에 따라 상이 결정됐다. 그 엄마는 이후부터는 대단한 정성을 기울이더니 모든 상을 휩쓸었다.

컴퓨터학원 이야기도 처음 그 엄마를 통해서 들었다. 나는 결단이 빠르지 못해 우물쭈물하다가도 그 엄마 덕에 하는 것도 있었다. 우리 애가 끝까지 정보올림피아드를 할 수 있었던 것도 그 집 아이와 같이 해서 가능했던 것 같다. 수학, 과학과는 달리 정보는 교과목이 아니라는 특수성 때문에 '교과목 공부를 제쳐두고 컴퓨터 공부를 계속해야 하나.' 하며 처음부터 끝까지 번민했다. 많은 학생들이 중간에 그만두고 다른 길을 택할 때마다 동지로서 많은 이야기를 나누며 버티어 나갔다. 우리는 어디서 무엇을 들으면 누가 먼저랄 것도 없이 서로 이야기를 나눴다.

아이들은 평소 컴퓨터공부에 매달리기 때문에 학교공부를 할 시간이 별로 없었다. 그래서 시험 때가 되면 두 집 다 비상이 걸렸다. 그 엄마는 자기가 미리 교과목을 공부한 다음 설명해 주는 식으로 아이에게 공부를 시켰기에 교과목 내용을 100% 알고 있었다. 아이가 공부한 내용을 체크하는 식으로 시험 관리를 해 주는 다른 엄마들보다 좋은 결과를 얻는 것은 당연했다.

나는 동네 아이들 수학을 지도한 적이 있었다. 그 집 아이들은 전형적인 모범생이었다. 과제물을 빠뜨리지 않고 잘 해오는 것은 물론 글씨 하나 대충 쓰는 법이 없이 정자로 또박또박 써왔다. 그런 아이들이 엄마가 중개사 공부를 한다고 3개월 정도 신경을 쓰지 않으니 달라졌다. 첫째 달은 변함없이 잘했다. 둘째 달부터 슬슬 과제물을 안 해왔고 수업시간에 집중도도 떨어지기 시작했다.

'아이는 엄마의 관심 속에서 정성을 먹고 자라는 구나. 저런 모범생도 두 달이 안 되어 흐트러지네.' 나는 그때 느꼈다. 엄마의 관심 부재가 숙제는 물론 수업 집중도에까지 영향을 끼친다는 사실을.

이런 일도 있었다. 그 집 둘째 여자아이가 심한 감기로 콧물이 뚝뚝 떨어지자 휴지로 코를 막고 평소와 똑같이 공부를 했다. '감기가 저 정도로 심하면 초등학교 3학년짜리가 집중이 안 될 텐데 어떻게 저렇게 할 수 있지?' 혼자 궁금했다. 그 행동이 너무 예뻐 아이 엄마한테 이야기 했더니, 그 엄마가 웃으면서 "제가 요즘 공부를 하는데, 콧물이 심해 휴지로 막고 했어요. 알레르기성 비염이라 환절기만 되면 그래요. 그걸 봤나 봐요."라고 하였다. 대단한 모녀다. 엄마의 역할이 중요함을 말해주는 대목이다.

그 집 큰아들은 서울과학고에 진학했다. 현재 중학교 3학년인 둘째는 대치동으로 이사한 뒤 수학과 화학 올림피아드를 같이 준비했다. 2학년 때 화학올림피아드 중등부 금상을 받았고, 내신도 좋아 올해 서울과학고에 합격하였다.

아이들에겐 크고 작은 당근과 목표 필요

"댁이 교육에 관심이 많은 것 같아 물어보는데, 직장을 다니는 딸이 손자에게 '책 한권을 할아버지께 읽어드리면 100원씩 주겠다'고 했더니 5살짜리 손자가 책 1권을 읽어주고는 '100원'이라고 해요. 경제교육 면에서는 필요한 것도 같지만 어린애가 너무 돈만 아는 것 아니냐는 생각이 드는데, 괜찮은가요?"

아래층에 사는 할아버지가 분리수거하는 나에게 살짝 의견을 물어보는 게 아닌가. 나는 특별히 할 말이 없어 "괜찮을 것 같은데요."라고 했다. 그날 학부모 모임에서 그 이야기를 했더니, 큰애가 명덕외고를 나와 고려대 법대에 다니고 둘째가 우리 둘째와 같은 반으로 수학올림피아드에서 금상을 받고 아시아대회에서도 수상한 엄마가 조그만 소리로 "괜찮아요. 나도 다 그런 식으로 했어요."라고 했다.

학원이 별반 도움이 되지 않는다며 다니기 싫어하는 둘째에게 "〈수학의 정석〉 한 권을 다 풀면 학원비 20만 원을 너에게 줄게."라고 하였더니, 둘째 이야기가 가관이다.

"엄마, 십만 원 드릴 테니 에베레스트에 올라가세요 하면 가겠어요? 차라리 만 원 줄게, 동네 뒷산에 올라가라고 하면 몰라도."

멀고 높은 목표를 설정하는 것도 의미 있지만 가까이 당근을 두는 일도 꽤나 필요하다는 에피소드이다. 아이는 바로 그 엄마 이야기를 했다. 그 친구는 중학생에 다닐 때 〈수학의 정석〉을 한 과씩 풀면 그때마다 엄마한테서 만 원씩 받았다는 것이다. 돈 모으는 재미에 5번을 풀었다고 했다. 그 말을 옆에서 듣던 친구들은 "그렇다면 나도 했겠다."고 거들더라는 것이었다. 일반적으로 경시를 준비하는 애들이라고 해서 내신수학까지 다 잘하지는 않는데, 그 아이는 올림피아드수학, 내신수학 둘 다 잘했다. 그야말로 기본과 심화가 다 잘 되어 있었다.

돈에는 전혀 관심이 없고 형이상학적인 척하는 큰애가 옆에서 듣다가 "천 원이면 몰라도 만 원이면 할 만한데요."라고 했다. '이 이야기를 일찍 들었으면 중학교 3학년 여름방학부터 써볼 걸…….' 하는 생각이 절로 들었다. 초등학교 때부터 혼자 공부해 온 아이라 그 방법이 더 나을 수 있었을 것 같다. 아이에 맞는 방법을 찾아 소신껏 하는 것이 중요하다.

아이들은 다 비슷하다. 큰아이가 중학교 1학년일 때다. "엄마 친구가 전교 1등을 한 아들에게 컴퓨터를 새로 사 주었다."고 이야기하자 큰아이가 "나도 1등 하면 컴퓨터 사 줄 거야?"라고 했다. 당시 우리 컴퓨터는

386급이어서 성능이 낮아 게임이 잘 돌아가지 않았다.

"그래, 해봐."

그랬더니 누웠다가도 "컴퓨터!" 하고 일어나 공부하는 것이었다. 정말로 전 과목에서 2개를 틀려 전교 1등을 하였다. 모든 힘의 원천은 hungry정신이라고 하더니 그 말이 맞나 보다. 좋은 컴퓨터를 받겠다는 일념으로 1년 동안 못하던 것을 해내는 것을 보면 이와 같이 적절한 목표와 상응하는 대가를 제시하는 것도 효과적인 촉진제가 되었다.

사교육비 들이지 않고 성공하기

매일 아침, 함께 산에 가는 동갑 친구가 있다. 요즘같이 사교육비가 많이 드는 시절에 그 친구는 사교육비를 거의 들이지 않고 아이를 대학에 보냈다. 남들이 부러워하는 그 친구의 비법을 혼자 알고 있기는 아까워 소개한다.

우리 아파트 단지에는 일주일에 한 번씩 이동문고가 왔다. 그 친구는 매주 10권씩 빌려갔다. 문학뿐만 아니라 경제, 사회, 과학, 예술, 하다못해 요리책까지 빌려서 식구들이 같이 봤다. 그래서인지 아이들은 정말 박식하다. 수학은 학습지를 했고, 학원은 오직 영어 한 과목만 초등학교 4학년 때부터 보냈다. 보통 아이들은 운동, 피아노, 바둑 등 여러 학원을 다니느라 바빠 학원에서 치르는 단어시험조차 공부할 시간이 없을 정도지만 아이들은 이것만 배우니까 수학 학습지와 영어 공부는 시키는 대로 성실하게 하였다. 영어를 배우기 전인 저학년 때는 1년간 피아노를 배우고, 수영도 배웠지만 두 가지를 동시에 시킨 적은 거의 없었다.

중학생이 되어 다른 아이들은 중계동, 상계동의 큰 학원으로 가는데, 이 친구는 그냥 동네 영어학원에서 운영하는 종합반에 보냈다. 워낙 독서량이 많아 국어, 사회는 말할 것도 없고 남자아이들이 어려워하는 가정 같은 과목도 잘했다. 초등학교 때부터 요리책, 생리학까지 본 결과인 것 같다.

수행평가가 문제였지 학교 시험은 조금만 해도 잘했다. 동네 학원을 보내는 그 친구에게 나는 "애가 독서도 많이 하고 박식해서 오히려 학원 선생님들보다 낫지 않아? 배울 게 없을 것 같은데……."라고 하면 친구는 느긋하게 "안 하는 것보다 낫겠지."라고 하는 것이다. 그 학원 선생님 중에는 이름을 들어보지도 못한 지방대학 출신들도 꽤 있었다.

교육열이 높지 않은 동네라 영재센터 시험이라든지 교외경시대회를 준비하는 학생이 별로 없어서 학교 대표가 되기는 쉬웠다. 학교 대표가 되면 학원 선생님께 부탁해 선생님과 같이 고등학교 과학을 공부했다. 수상과는 관계가 멀었겠지만 고등학교 과정을 선행학습한다는 차원에서는 더 이상 좋은 공부는 없었을 것이다. 학원에서는 전교 최상위권에 있는 학생이 다른 학원으로 옮기지 않고 4학년 때부터 계속 다니니 거의 가족처럼 VIP 대접을 해 주었다.

아이는 오직 그 학원만 다녀서 서울외고에 진학했다. 서울외고에서도 처음 보는 모의고사에서 전교 2등을 차지했다. 여학생들이 많고 열심히 하는 외고에서는 남학생이 내신 성적을 잘 받기는 쉽지 않았으나 확실히 수능은 독서를 많이 해서인지 사고의 폭이 넓어서인지 좀 다른 것 같다. 그 당시는 언어가 어려웠는데, 1학년 모의고사에서부터 언어영역을 잘하고 사회영역은 거의 만점을 받았다. 과학은 중학교 때 경시대회 준비로 선행공부를 한 덕으로 문과에서 하는 과학은 충분히 커버가 되었다. 수학만 학원을 다녔다. 그 학원도 모의성적이 우수해서 장학생으로 다녔다고 한다.

그때는 6차 교육과정이어서, 문과에서 수능만으로 모든 사람이 부러워하는 메이저 의대에 장학생으로 입학했다. 독서를 많이 한 탓에 고등학교 때 TV 퀴즈 프로그램에 출연해 골든벨을 울리기 직전까지 갔다. 대학에서 열린 교내 골든벨대회에서 1등을 차지해 백화점 상품권을 받아왔다고 친구는 자랑하였다.

남편이 공무원인 친구는 의대생인 큰아들과 고3 작은아들을 두고 있는데, 원래 알뜰하기도 하지만 "교육비 지출이 없어 생활비가 별로 안든다."면서 상당한 금액을 저축한다고 말해 나를 놀라게 하기도 했다.

"요즘 인기 최고인 의대에 보내려면 사교육비로 수백만 원을 쓰면서 밤낮으로 아이를 학원으로 실어 나르느라 고생들 하는데, 자기는 아들을 의대에 보내는 데 일주일에 한 번씩 이동문고에서 책 빌려다 준 것뿐이 없는 것 같아."

내 말에 그 친구는 신이 나서 말한다. "맞아, 우리 아들 효자야." 그렇다. 아이를 믿고, 좌지우지하지 않고, 소신을 가지고 공부를 시켜서 사교육비 거의 들이지 않고 성공하는 사람들이 지금도 종종 있다.

효과만점 체험학습 떠나기

결혼 후 1년, 큰애 낳기 두 달 전에 나는 직장이냐, 아이들 양육이냐의 기로에 서 있었다. 두 갈래 길에서 고민하고 있는 나에게 남편은 "교육과 내무를 맡아서 확실하게 해 보는 것이 어때?" 하며 자신은 외무와 재경을 맡겠다고 하였다. 아이들 교육을 한번 잘 시켜보고 싶었고, 1년 동안 살아본 결과 내가 맞벌이로 재경에 보탬이 되어도 남편은 다사다망하여 내무나 교육에 별 도움이 될 것 같지 않아 과감하게 직장을 그만두었다.

"많은 것을 보여주고 경험하게 하여 시야를 넓혀주자."

초등학교 3학년까지 우리 부부도 좋아하고, 아이들에게도 좋을 것 같아 가장 중점을 두고 해온 것이 여행이었다. 그러나 요즘 다른 사람들이 하는 것을 보면 우리가 중점을 두고 했다는 게 영 미숙했다는 느낌이다. 별것 아니더라도 우리가 아이를 키워오면서 잘못했던 것을 반면교사로 삼아 좀 더 현명하게 준비하면 더 많은 도움이 될 것 같아 적어 본다.

1. 추상적인 목표만 있을 뿐 구체적인 목표가 없었다.

얼마 전 초등학교 4학년 아들을 둔 친구가 "돌아오는 학기의 사회 과목에 경주가 나와 해설가를 초빙하여 아들 친구들과 학부모가 함께 경주를 다녀왔다."고 했다. 그 이야기를 듣고 옛날 우리 큰애 생각이 났다. "엄마, 경주에 가 본 것 같은데, 어떠한 곳이었지?"라는 말에 기가 막혀 야단쳤던 기억이다. 경주엘 한 번은 6살 때인가에 일부러 찾아갔고, 한 번은 울산 고모 집에 다녀오다가 들러 두 번이나 갔는데, 어떠한 곳인지 기억이 나지 않았던 것이다.

그때는 막연하게 '어딜 가더라도 도움이 되겠지.'라고 생각했지만 요즘처럼 구체적으로 4학년 교과목에 어떤 것이 나오고, 무엇을 집중적으로 공부해야 하는지 아무것도 모르고 다닌 것 같았다.

2.준비성이 없었다.

우리 아이들은 지기 싫어하는 성격이다. 차가 좁다 보니 차만 타면 둘이 싸웠다. 그러다가 아빠가 타면 무서워서 싸우지는 못하고 10분도 지나지 않아 잠이 들었다. 그러나 우리와 같이 여행을 다니던 남편 동료 집은 엄마가 차를 타고 이동할 때마다 나침반을 가지고 아이들과 같이 앉아 지도를 보며 설명해 주었다. 당시 남편은 운전면허가 없어 내가 차를 몰았다. 옆에 앉은 남편에게 "아이들에게 설명 좀 해 달라."고 하면 한두 마디 하는 사이에 벌써 아이들은 몸을 꼬기 시작했다. 뒤에 앉은 아이들에게 아빠의 설명이 잘 들리지 않았고 재미도 없었으니 열심히 들을 리가 없었다.

남편은 "다음에 자연적으로 다 알게 되어 있다."면서 그다지 노력하지도 않았다. 아니나 다를까 교과목에 광주가 나오는데, 몇 번 지나가면서 밥도 먹었던 광주가 어느 도에 위치해 있는지를 모르는 아이를 보고 속상했다.

3.아이의 눈높이에 맞아야지 효과가 있다.

얼마 전에 뉴질랜드를 방문해 수족관에 들렀다. 앞에 두 돌쯤 되어

보이는 아이가 유모차를 탔다가 걷다가 하는 게 보였다. 아기는 물고기, 거북이 등을 보며 엄마가 설명하는 것을 너무 잘 들었다. 옛날 기억이 났다.

아이들 교육을 겸해서 국립중앙박물관에 갔었다. 그때 우리 큰애가 뉴질랜드 아이 또래였다. 기껏 데리고 갔더니 우리 아이는 전시물에는 관심이 전혀 없고 대리석 바닥에서 미끄럼만 열심히 탔다. 그러다가 층마다 적혀 있는 숫자가 나오면 그 숫자만 열심히 읽고 다녔다.

"다시는 데려오지 말아야지. 이런 쪽은 좋아하지 않나 봐!"

나는 창피해 야단을 치고 아이들을 데리고 집으로 돌아왔다. 지금 생각하면 너무 바보 같고 창피한 일이었다. 두 돌도 안 된 아이가 움직임도 없고, 화려한 색깔도 아닌 흙그릇이나 돌칼을 무슨 재미로 보겠는가. 아무리 초보엄마라 해도 몰라도 너무 몰랐던 것 같다.

4.아이의 흥미를 이끌게 해야 했다.

"이번 주말에 우리 남도로 여행 가요. 저는 다산초당에 대해 조사하고요, 아빠는 윤선도, 동생은 엄마와 함께 완도 특산물에 대해 조사하기로 했어요. 재미있어요. 우리는 여행갈 때마다 그래요."

내가 수학을 잠시 가르칠 때 배우러 왔던 아이는 그러면서 여행지에서는 주로 조사해 간 것을 찾아보는데, 견학하기 전에 조사한 사람이 프린트를 해 가지고 와서 미리 설명해 준다고 했다. 그 이야기를 듣고 퍼뜩 와 닿는 게 있었다.

'그래! 아이들이 미리 준비하고 참여하게 하면 저렇게 흥미가 있었을

텐데…….'

초등 3학년, 1학년 아이들을 데리고 백제 문화유적지를 찾아갔을 때 화가 나서 공주 공산성을 보지도 않고 돌아온 기억이다. 부여 부소산성을 거쳐 공산성에 갔는데 우리는 안내문을 읽고 들어가는데, 아이들은 문 앞에서 전혀 관심도 없이 눈싸움만 하고 있었다. 자기들을 위해서 갔는데 최소한의 성의도 없는 애들에게 화가 나 그대로 집에 돌아왔다.

아이들이 참여하도록 노력하지 않은 채 화만 내고 아이들 탓만 했던 내가 부끄러웠다. 부모의 교육방법에 따라 아이들 발전에 큰 차이가 나는 것 같다.

그 아이는 초등학교 2학년 때 다른 아이들이 쉽게 하는 7+8과 같은 받아올림이 있는 덧셈, 12-7과 같은 받아내림이 있는 뺄셈을 이해하지 못할 정도여서 공부를 잘할 것이라고 기대하지 않았던 아이였다. 아이들은 일반적으로 초등학교 저학년 때 공부를 잘하면 나중에도 잘한다. 또 잘하던 아이도 학년이 올라갈수록 오히려 수학을 어려워한다.

그런데 이 아이는 반대로 학년이 올라갈수록 잘했고 중학생이 된 지금 성적은 전교 최상위권이다. 아이도 성실하지만 부모의 준비성 있고 흥미를 이끌어내는 교육방법의 영향이 컸다고 생각한다.

나는 다시 아이를 기른다고 하여도 과학고에 보내고 싶다. 아이들이 뒤에 의학, 법학, 경제학을 전공한다 하여도 과학고가 좋은 것 같다. 정부 정책과는 어긋나지만 학부에서 생물, 전자공학, 수학 등을 하고 대학원은 전문대학원으로 가는 것이 더 전문적이고 유리할 것 같다.

과학고 교육환경은 우리나라 최고이다. 시설이 좋을 뿐만 아니라 훌륭한 교사, 똑똑한 학생이 서로 존중하고 도와가면서 공부한다. 교육천국이라고 생각한다. 선생님들은 친절하고, 사제지간이라고는 하지만 학생이 적고 선생님이 많다 보니 선후배처럼 친하다. 기숙사에서 24시간 같이 지내다 보니 선후배 사이도 한 학년 같다.

동급생끼리도 옆에 있는 친구가 친구이자 선생님이다. 20명 정도의 각 반에는 과목별로 올림피아드 수상으로 입학한 친구가 있어 교과목 선생님과 다름없이 가르쳐 주기도 한다. 잘하는 학생들이 모인 곳이어서 스트레스도 받겠지만 그것도 사람이 살면서 극복해야 할 일 아닌가.

과학고에 아이가 들어가면 가장 편한 사람은 사실 엄마다. 요즘 수험생 엄마도 수험생이라고 하는데, 나는 수험생 엄마일 때도 아이들이 둘 다 기숙사에 있어 새벽밥을 할 필요가 없었고, 저녁에도 TV연속극을 보거나 운동을 하고, 때론 남편과 영화를 관람하는 등 마음대로 할 수 있었다. 두 아들한테 다시금 고맙다는 생각이 든다.

과학고 진학 성공 POINT

1. 영어에 노출시켜라

아기 때부터 한글 동화책을 읽어 주고 테이프를 틀어주듯이, 영어도 똑같은 방법으로 한다. 6살부터 6학년까지 영어전문학원에 보내고, 방학에는 영어소설책 등을 읽게 한다. 경험상 영어는 초등학교 때 가장 중점을 두어야 할 것 같다.

2. 수학은 일찍 시작한다

우리 아이 경우처럼 6살 때부터 학습지를 시키고 초등학교 2학년부터는 난이도 있는 문제집을 다룬다. 4학년부터는 올림피아드를 시작해 중학교 갈 때까지 일단 시킨다. 그때 다시 상황을 보고 방향을 과학으로 돌릴지를 결정한다. 올림피아드를 과학으로 준비하더라도 과학고를 목표로 한다면 가장 열심히 해야 하는 과목이다.

3. 과학 관련 책을 많이 읽혀라

어려서부터 과학만화, 과학동화 등을 읽게 하여 과학에 호기심을 갖게 한다. 4학년 때부터 과학잡지를 구독하고, 1년에 한두 번 과학캠프에 보내 과학에 관심을 갖게 한다. 과학올림피아드 시작 여부는 6학년 겨울방학에 결정한다. 수학올림피아드 쪽으로 가능성이 있으면 수학을 계속시키고 그렇지 않으면 과학으로 돌려 준비시킨다.

4. 독서를 다양하게 시킨다

여러 종류의 책을 가족이 같이 읽고 토론하여 지식을 넓힌다. 사고를 다양하게 하고 자기 의견을 정확히 표현하게 한다. 어려서부터 독서를 생활화시킨다. 나의 경우는 과학, 역사책과 같이 여러 번 반복해서 보는 책들은 사서 읽히고, 동화책은 될 수 있는 대로 도서관이나 아파트 마을문고에서 빌려 읽혔다.

도서관이나 마을문고의 장점은 여러 종류의 책을 접할 수 있고, 대출기간 내에 읽어야 하므로 일정하게 읽을 수 있다는 점이다. 서점에 책을 사러 갔을 때 아이가 과학책보다도 더 좋아하는 추리소설이나 환타지소설류의 책을 사려고 해 많이 충돌했다. 애가 좋아하는 책은 잘한 일이 있을 때 포상개념으로 사 주었다. 이 방법은 성공적이었다.

5. 학원 선택에는 모든 정보를 동원해야 한다

수학, 과학, 정보올림피아드를 준비할 때나 영어학원을 선택할 때 전문적인 곳을 잘 찾아야 한다. 과거의 실적도 알아보고, 실적을 낼 당시 선생님이 지금도 가르치는지, 현재 준비하는 학생들의 수준은 어느 정도인지 등을 잘 알아보고 결정한다.

내신 성적은 학교수업을 잘 듣고 주요 과목이 선행이 되어 있으면 큰 걱정이 없다. 학원들은 시험 2주 전에는 수업하지 않고 공부할 시간을 주므로 그때 내신 공부에 집중해도 가능하다.

6. 예체능 활동은 필요한 시기를 잘 구분한다

악기는 6세부터 피아노를 시작하여 8세쯤 애가 원하는 다른 악기로 바꿀지 아니면 계속할지 정한다. 3학년까지 열심히 시키고 4학년부터는 일주일에 한번 정도 시킨다. 운동은 2, 3학년 때 아이가 원하는 종목으로 하고 방학에는 스케이트, 수영을 잠깐씩 접하게 한다.

7. 아이가 집에서, 학원에서 공부한 것을 항상 확인한다

아이가 공부한 것은 항상 체크한다. 최소한 초등학교 저학년은 매일 아이가 공부한 것을 엄마가 채점해 주고 고학년부터는 본인이 하게 한다. 그러나 본인이 한 것도 다시 2, 3일에 한 번씩 확인한다.

중학교 1학년 때 처음 치르는 시험은 아이가 공부한 것을 체크해 주어야 한다. 이후 아이가 가고자 하는 학교의 입학전형을 아이와 함께 찾아보며 대책을 세운다.

5

잠재력의 싹이 클 수 있게 물꼬를 터주라

내가 어렸을 적에 우리 집은 농사를 지었다. 봄에 고추씨를 뿌리고 싹이 터 모종이 올라오면 우리 가족은 모두 고추밭으로 가서 싹이 나온 그 위 비닐에 작은 구멍을 일일이 뚫어 주었다.

고추 모가 커 가는 데 걸림돌이 되는 비닐을 조금 뜯어내 줌으로서 고추 모가 햇빛을 맘껏 쐬며 쑥쑥 커 주렁주렁 열매를 맺도록 도와주려 했던 것이다. 우리 부모들 역시 아이가 잠재력의 싹을 키워 나갈 수 있도록 도와주어야 한다.

글쓴이 : 이미영

첫째를 "한번 해볼게요."라는 말이 트레이드마크인 아이로 키워 서울과고에 보냈습니다. 현재는 서울 신림동에서 '피노키오'라는 여성의류점을 운영 중입니다. 가게 일로 쾌적한 집에서 다정하게 책을 읽어주며 시간을 보내지 못했던 점과 아이들이 초등학교 때까지 비염과 아토피로 고생시킨 생각에 늘 마음이 아립니다.

"우리 광호 머리가 너무 큰 거 아니니."

어릴 적에 혼자 앉혀 놓으면 머리가 큰아이가 이리 기우뚱 저리 기우뚱 하는 걸 보고 아이 이모들이 우스개로 하던 소리다. 나는 "다 아이큐 덩어리야."라고 답했던 기억이 난다. 아이 덕분에 이렇게 과학고에 진학시킨 이야기를 쓰게 되니 과연 그 말이 일리가 있었는가 보다.

서울과학고 1학년에 재학 중인 우리 아이가 지난여름 포항공대에서 주최한 경시대회에서 은상을 받았다. 아이는 포항공대 입학 시 4년간 장학금을 받을 수 있게 됐다. 올해 아이는 학교에서 주최한 경시대회, 서울시에서 주최한 경시대회에서 은상을 받았고, 더욱 열심히 공부하여 8월에는 전국물리올림피아드에서 금상을 수상하는 큰 행운을 얻었다. 참으로 감사한 일이 아닐 수 없다.

아직 어리고 이제 막 시작에 불과한 아이 이야기를 쓰려니 솔직히 부담스럽다. 또 뒤돌아보면 신혼 때부터 일을 시작해 지금도 남대문시장에 새벽 장을 보는 일하는 엄마로서 특별하게 해준 기억도 별로 없다.

그래도 용기를 낼 수 있는 것은 일하는 엄마들에게 얼마 되지 않는 나의 경험일지라도 조금은 도움이 될 수 있을 것이라는 기대에서다. 나도 일을 하는 입상이지만 대개의 직장엄마들은 1인 2역이면 다행이고, 1인 3역까지 소화해내어야 하는 바쁜 몸이다. 그중에서도 교육부문은 차원이 다른 영역이다. 엄마들의 자녀교육에 경험 한 가지 더한다는 생각에 가벼운 마음으로 이야기를 시작한다.

스스로 궁금증을 풀어가게 하다

신혼 때부터 나는 언니가 하는 수예점을 도와주느라 항상 바빴다. 아이가 태어나서는 가게로 아이를 데려다 놓고 일을 보았다. 손님들이 아이에게 말을 붙여주며 놀아주기도 하였고 아이가 졸려할 때면 가게에 놓여 있는 소파 위에서 재우곤 했다. 아이는 곁에서 도란도란 뜨개질하는 손님들의 이야기를 들으면서 쌔근쌔근 잠이 들곤 했다.

그래서인지 아이를 가게에서 집으로 데려와 재우면 주변이 너무 조용해서인지 오히려 금세 깨어 버리곤 했다. 고등학생이 된 지금도 그때 적응력을 길러서인지 휴가철 등 친척 가족들이 모두 모이는 시끌벅적한 가운데도 아이는 한쪽에서 책을 펴놓고 추리력을 요하는 수리나 물리문제를 쭉쭉 풀어 나간다. 가끔 아이의 여동생이 오빠에게 수학이나 영어문제 등을 질문하면 수학은 푸는 방식까지만, 영어는 인터넷 등의 활용해 찾아보는 루트까지 정도의 실마리만 동생에게 알려준다.

당연히 동생은 "내 친구들 언니 오빠는 답까지 시원하게 알려주는데 우리 오빠는 왜 답을 안 알려주는 거야."라며 툴툴거린다. 그러면 아이는 "나도 모르는 부분이 있으면 최대한 내가 직접 다 찾아보고 스스로 해결하려 했어. 답을 말해 주는 건 별 의미가 없어."라고 답한다. 아이는 스스로 알아 가는 과정이 진짜 재밌는 공부가 된다고 믿고 있는 것 같다.

옷가게에서 밤 9시까지 아이들과 생활하다

아이가 3살이 좀 넘어서는 문방구에서 한글 책과 오디오테이프 세트를 보더니 사달라고 했다. 저녁에 집에 와서 녹음기에 테이프를 넣고 틀어주니 흥미를 보이며 소리 나는 글자를 기억, 니은부터 한 자씩 따라하기 시작했다. 그러는 며칠 새에 혼자 한글을 깨우쳐 나가기 시작했다. 알파벳도 같은 방법으로 터득했던 것 같다. 그 후로는 혼자 늘 책을 보며 놀기를 좋아했다.

아이가 5살 되던 해 마침 집 근처에 목 좋은 자리가 있다 하여 나는 숙녀복을 판매하는 가게를 직접 운영하기로 결심했다. 그때 둘째 딸아이는 20개월이 넘어서는 때라 놀이방에 맡길 수 있었다. 나는 둘째를 놀이방에 맡기고 첫째를 데리고 미술학원이라는 간판을 걸고 아이들에게 그림과 한글 수업을 해 주는 곳으로 향했다. 그러나 그곳은 6살과 7살 아이들에게만 입학을 허락한다는 것이었다. 그곳이 아니면 주변에 아이를 맡길 만한 어린이집이 거의 없었기 때문에 나는 어떻게든 우리 아이를 맡겨야 했다.

마침 원장께 아이가 글을 안다고 말씀드리며 사정을 이야기하니 "5살이지만 예외적으로 입학을 허락한다."고 했다. 그리고 얼마 후 원장을 만나 보았더니 "아이가 원장실에 들어와 앉아 책읽기에 푹 빠져 있길 좋아한다."고 이야기하는 게 아닌가? 맞벌이인 우리 부부가 생활이 바빠 책 읽는 본보기를 보여주지 못했는데 아이가 책읽기를 좋아한다고 하니 참으로 듣기 좋은 칭찬이었다.

두 아이를 놀이방과 미술학원에 맡기고 나서 정신없이 바쁜 나날이 이어졌다. 작은아이는 오후 7시, 큰아이는 오후 4시에 각각 놀이방과 미술학원을 마치고 가게로 돌아왔다. 두 아이는 가게 문을 닫을 시간인 밤 9시까지 나와 함께 가게에서 보내야 했다. 내가 직접 식사를 준비할 시간이 부족하다 보니 아이들에게 김밥이나 라면을 사 먹여야만 했던 때도 많았다. 더욱이 옷가게이다 보니 새 옷에서 날리는 잔털과 화학섬유 때문에 아이들에게 비염과 아토피라는 피부질환이 진행되기도 했다. 두 아이의 아토피를 치료하기 위해 한방, 양약, 그리고 민간요법까지 안 해본 것이 없을 정도였다.

아이가 중학교에 들어가고 나서 그때 치료 덕택인지 아니면 아이가 성장함에 따라 자연적으로 치유된 것인지는 모르겠으나 다행히도 차차 아토피 증세가 좋아졌다. 쾌적한 집에서 아이들과 여유롭고 다정하게 책을 읽어주며 시간을 보내지 못했던 것과, 어린애들이 아토피로 힘들게 고생한 것이 내 탓인 것 같아 아직도 그 생각을 하면 맘이 아리고 아이들에게 미안하다.

아침부터 밤늦게까지 가게 일을 하고 아이들과 함께 집에 돌아와 늦은 저녁을 먹고 나서 집안일을 마치고 나면 밤 11시가 되었다. 그 와중에도 일주일에 2번은 그 시간에 다시 집을 나와 좌석버스를 타고 남대문시장으로 물건을 하러 가야 했다. 물론 아이들은 그 시간에 아빠가 좀 더 돌보거나 잠이 들었다. 내가 도매시장을 돌며 두 손 가득히 물건을 구입해서 택시를 타고 집에 돌아오면 새벽 4시가 넘는다. 너무나도 피곤해 어느새 잠에 취한다.

그러다 큰아이가 초등학교 6학년 때인 어느 날, 너무 피곤한 나머지 등교 시간에 맞춰 일어나지 못하고 늦잠을 잔 적이 있었다. 물론 아이들도 내 옆에서 세상모르게 자고 있었다. 아차 싶어 시계를 보니 벌써 아침 9시 30분이었다. 등교 시간보다 1시간이 늦은 것이다. 깜짝 놀라서 아이들에게 아침밥도 먹이질 못하고 서둘러 학교엘 보냈다. 조금 후에 두 아이가 "학교로 가는 길에 아이들이 한 명도 눈에 보이지 않아요." 하며 그냥 집으로 돌아왔다. 직접 담임선생님께 전화를 걸어 죄송하다며 사실대로 말씀을 드리니 선생님께서 아이를 늦게라도 학교에 보내라고 하셨다. 아이에게도 길에 학생들이 없는 이유를 설명하고 다시 학교로 보냈다.

색종이 접기가 가져다 준 선물

이렇듯 눈코 뜰 새 없이 바쁘다 보니 아이와 놀아 줄 시간을 낸다는 게 쉽지 않았다. 그래서 아이와 함께 하지 못하는 시간을 어떻게 아이가 재미있게 보낼 수 있게 할 수 있을까 궁리하다가 주말에 아이와 함께 서점에 가 보았다. 서점에서 낱권으로 된 동화책 몇 권과 색종이 접기 교본 한 권을 골라서 집으로 오면서 색종이도 한 상자를 샀다. 그때가 아마도 5살 때였다.

다행이 아이는 색종이 접기에 큰 재미를 붙여 몇 날 며칠을 교본을 보며 색종이 접기 놀이를 했다. 아이는 한 권을 보면서 따라접기를 끝내더니 두 번째 책도 사달라고 했다. 한 권, 두 권 어느새 시리즈로 된 6권을 모두 사게 됐고 아이는 책에 나오는 것들을 능숙하게 따라 접게 되었다. 집에 있는 책을 다 읽었다 싶으면 아이 손을 잡고 동네서점으로 가서 낱권으로 아이가 원하는 책을 한 권씩 사 주었다. 형편이 넉넉하지 못해 전집을 사 주지 못했다. 만화책도 아이가 원하면 사 주었다.

그동안 아이가 읽었던 만화책은 〈그리스 로마 신화〉 시리즈부터 〈짱구〉 시리즈까지로 꽤나 많다. 아이가 좋아하는 책을 키득키득 웃으며 정신없이 읽을 때면 지금은 돌아가신 외할아버지께서 "자가 왜 그려. 뭘 보고 웃는 겨." 하시며 이해할 수 없다는 표정을 짓기도 하셨다. 읽은 책을 또 읽고 또 읽어 어떤 책은 10번 이상씩 읽기도 했다.

이렇듯 아이는 혼자서도 잘 놀 수 있는 책읽기나 블록 쌓기 놀이와 모형 만들기 등 조합하며 노는 연구적인 놀이를 좋아했다. 아이가 블록 쌓기를 한번 시작하면 수십 가지 다양한 모형을 만들면서 2, 3시간씩 놀이에 푹 빠졌다. 지금도 아이가 고사리 같은 손을 놀리며 모형 만들기에 몰입하던 모습이 눈에 선하다.

지금 생각해 보면 체계적이지는 않았지만 책을 많이 읽으면서 아이의 상상력과 호기심이 커갔고, 손놀림과 창의력을 많이 요하는 색종이 접기 놀이를 혼자 하면서 아이의 두뇌발달이 많이 진행된 것이 아닌가 싶다. 주변에 외국어고에서 전교 1, 2등을 하는 아이의 어릴 적 얘기를 들어 보니 그 아이 역시 어릴 적에 색종이 접기 놀이에 빠져 "유치원에 있는 색종이를 혼자 다 쓴다."며 원장 선생님의 불만을 사기까지 했다는 것이다. 색종이 접기 놀이가 아이에게 집중력과 끈기를 길러 주었던 것 같다.

그리고 또 한 가지를 말한다면, 아마 내가 아이 임신 중에 언니가 운영하는 수예점 일을 돕느라 열심히 뜨개질을 하며 손을 놀렸던 것이 뱃속 태아였던 아이의 두뇌 발달에 도움이 되었다고 혼자 믿어본다. 근거는 확실하지 않지만.

꼬리에 꼬리를 무는 궁금증 해결하기

우리 아이는 여느 아이처럼 놀이공원에 가는 것도 좋아했지만, 그에 못지않게 과학관을 찾는 것을 참으로 좋아했다. 초등학교 1학년 때쯤이다. 주변 엄마들이 과학관에 아이를 데려가면 아이가 배울 점이 많을 것이라는 얘기를 듣고 아이와 과학관에 갔다. 아이는 물을 퍼 올리는 펌프질 원리에 관한 전시물을 보면서 두 눈을 굴리며 신기해했다. 내 입장에서는 그다지 관심거리가 아닌 펌프질 원리였다.

아이의 반응이 의외로 좋은 것 같아 나는 가게일로 바쁜 가운데도 불구하고 일요일이면 가게 문을 닫고 아이를 데리고 가능한 자주 과학관을 방문하려고 노력했다. 호기심이 많은 아이는 과학관에 도착하자마자 여러 가지를 관심 있게 관찰하고, 실험 가능한 것은 열심히 실험까지 해 보고도 그 자리를 떠날 생각을 하지 않았다. 한 코스를 다 돌고는 다시 처음부터 그 코스를 돌 때도 있었다. 그러다 보니 과학관이 문을 닫을 시간이 되어서야 쫓겨나듯 집으로 돌아왔다. 집에 와서도 아이는 혼자서 궁금증이 가시지 않은 부분을 실험해 보기까지 했다.

하루는 내가 외출했다가 돌아와 보니 거실이 엉망이 되어 있었다. 아이에게 그 이유를 물어보니 TV를 보다가 물과 기름에 대한 궁금증이 생겨 실험을 해 보았다고 한다. 나는 마루가 미끄러워진 데 화가 났지만 꾹 참고 잘했다고 칭찬해 주었다. 그 외에도 아이는 얼음이 어는 원리가 궁금하다며 그릇에 물을 잔뜩 부어 냉동실 가득히 얼음을 얼려 놓았다. 아이는 모자라는 키 높이를 식탁 의자의 힘을 빌어가며 여기저기 물을 흘리기도 하고, 남아도는 얼음은 얼음을 가는 수동식 기구에 놓고 끙끙 손잡이를 돌려 동생과 팥빙수 비슷한 것을 만들어 먹곤 했다.

그 후에도 아이는 궁금한 것이 생길 때마다 여러 재료를 늘어놓고 혼자만의 어설픈 실험을 해댔다. 그러다 그 실험 재료가 엉뚱한 요리가 되어 버리는 일도 있었다. 아이는 호기심이 남달리 많아 그만큼 질문도 많았지만 내가 답해 줄 수 있는 부분이 지극히 적었기에 수시로 아이와 함께 집 근처 서점에 들러 궁금한 부분에 답해 줄 책을 구입해오곤 했다. 그러면 그 책을 읽다가 또 다시 궁금한 부분이 생기면 그 궁금증을 해결하기 위해 다음 책을 사서 보았다. 그렇게 하다 보니 어느새 꼬리에 꼬리를 무는 책읽기가 계속되었다.

아이는 특히 과학동화나 인체의 신진대사 활동, 지구는 어떻게 생겼을까? 감기는 왜 걸리나? 구름은 어떻게 생기는 것일까? 지구가 왜 돈다고 하는 걸까? 등의 우리 주변 사물의 원리를 설명해 주는 책들을 아주 재미있어했다.

아이는 어릴 때부터 호기심이 많았다. 슈퍼마켓 같은 데를 갔을 때도 금전등록기나 현금출납기가 작동되는 것을 신기해하면서 만져보기도 했다. 이 호기심이 태어날 때부터 가지고 나온 것인지 어떤 것인지는 명확하지는 않지만 아이가 관심 있어 하는 과학관에 데려가 아이의 호기심에 자극을 주고, 거기서 생겨난 아이의 궁금증에 명확히 만들어진 답을 주기보다는 자유롭게 직접 실험해 보기도 하고 스스로 책을 읽어 나가면서 궁금증을 풀어 나가도록 한 것이 아이의 창의력 발달과 사고하는 능력을 키우는 데 큰 도움이 된 것 같다.

행동은 느리지만 차분한 게 장점

우리 부부는 맞벌이라 아이를 특별하게 관리해 주지 못했다. 다른 아이들에 비해 우리 아이는 행동이 느리고 성격이 조용한 편이었다. 아이가 초등학교 입학 후엔 아침에 늦게 일어나고 아침밥 먹기부터 가방 챙기고 양치질하기까지 어찌나 느리고 느린지 마치 거북이 한 마리가 움

직이는 모습을 보는 듯했다.

학교 총회가 있던 날 창문 틈으로 넘어다보니 다른 아이들이 필기를 마치고 가방을 다 싸고 있는데도 그제야 우리 아이는 필기를 마치느라 애를 먹고 있었다. 나는 걱정이 되어 담임선생님께 아이의 학교생활이 어떤지 여쭈어보았더니 "광호는 수업시간만 되면 눈빛이 초롱초롱 빛나요. 발표도 학년에 맞지 않게 잘하고요. 행동이 좀 느리긴 하지만 차분해서 오히려 장점이 더 많은 아이입니다."라고 말해 참으로 안심이 되었다.

물론 우리 아이는 게임하기를 아주 좋아했다. 게임기를 아이가 6살 되던 해쯤 사 주었는데 3년간 신나게 가지고 놀았다. 아이가 1학년 때는 피아노 치는 법을 6개월 익혔고 태권도를 1년 정도 배웠다. 중간에 그만둔 이유는 아이가 싫어했기 때문이었다. 더 시키고 싶은 마음이 없지 않았지만 스트레스를 받으면서까지 할 필요를 못 느꼈고, 시간이 지나 아이가 배우겠다고 말하면 얼마든지 다시 할 수 있다고 판단했기 때문이었다.

초등학교 4학년 초까지는 아이를 자유롭게 놀게 했다. 학교가 끝나면 가게에 와서 엄마한테 다녀왔다고 인사를 한 뒤 집으로 돌아가 혼자 놀았다.

초등학교 4학년 때부터는 공부를 해야 할 때라고 생각하고 있었기에 4학년 접어들어 5월쯤 되었을 때 나는 동네에 영어, 수학을 꼼꼼히 잘 가르친다는 보습학원이 있다는 소문을 주변 엄마들로부터 전해 듣고 학원을 수소문했다.

그 학원은 소규모였지만 빡빡하게 아이들을 지도해 주는 학원이었다. 아이는 학원이 끝나면 가게로 돌아와 눈도장만 찍고 집으로 가 자기 할 일을 혼자 알아서 했다. 학원에서 내어준 과제가 많아 끙끙대는 걸 보면 안쓰러웠지만 아이는 빠짐없이 해 갔다. 영어책을 초를 재며 정해진 시간 내에 읽는 연습을 하기 위해 오디오테이프에 녹음을 해 가며 여러 번 반복 연습을 했다. 수학 등도 과제가 많았다. 자연스레 컴퓨터게임을 하며 놀 수 있는 시간을 내기가 쉽지 않았다.

대신 주말엔 자유시간을 많이 가졌다. 아이는 게임을 하기도 하고, 좋아하는 만화로 된 책 시리즈, 신기한 과학 이야기 등을 소재로 한 책 등을 읽으며 시간을 보냈다.

직장엄마에게는 숙제관리 확실한 학원이 최고

그 학원은 일주일에 영어, 수학을 각각 3시간씩 가르쳤는데, 숙제 검사를 철저히 해 주었고 규칙도 엄한 편이었다. 아무래도 내가 일일이 아이가 공부를 어떻게, 얼마나 하는지를 확인할 수 없었기 때문에 숙제 검사를 철저히 해 주는 학원이 도움이 되었다.

학원에서 영어는 쉬운 영어동화책 등을 많이 읽게 했고 초를 재어 가며 빨리 읽기 테스트를 하는 과정을 반복하면서 아이의 영어읽기 능력이 눈에 띄게 향상되었다. 가끔 컴퓨터를 하다가 생소한 단어가 나오더라도 비록 뜻은 모른다 해도 망설임 없이 그 단어들을 빨리 읽어내는 모습을 보였다. 영어를 소리 내어 읽는 데 대한 창피함이 사라진 듯했다. 큰 소리로 영어책을 읽는 것이 습관화되면 아이가 외국인과 대화할 때

가장 장애로 꼽히는 영어로 말하기에 대한 두려움을 감소시켜 준다고 본다.

학원에서 수학은 생각을 요하는 난이도가 높은 문제까지 풀도록 했으며 진도는 학교진도보다 한 학기 정도 선행해서 진행했다. 아이의 학교 성적은 모두 수였지만 5학년 때인가는 음악에서 우가 나온 적이 있다. 그때 나는 아이를 음악학원에 등록시켜 음악적 이론 등을 1년간 배우게 했다. 이때 배운 음악 공부가 중학교 음악시험 때도 도움이 많이 되었다고 아이는 말했다.

아이가 6학년이 되어서는 한자 공부의 필요성을 이야기해 주었다. 국어 공부를 비롯하여 다른 과목에서도 나오는 어휘의 뜻을 알게 되면 내용 이해가 쉬울 거라고 생각했기 때문이었다. 아이도 한자를 배워 보겠다고 해서 한자 공부를 시작해 곧 한자 4급을 땄다. 동시에 컴퓨터 학원도 다니며 컴퓨터 활용, 워드 프로세스1급과 2급 등 자격증 3개를 따게 되었다.

이렇게 미리 공부해 놓으니 나중에 중학교에 올라간 뒤 시험기간에 컴퓨터, 한문, 음악 시험은 따로 준비할 필요가 없어졌다. 결국 영어, 수학을 포함해 5과목은 시험 준비할 시간을 번 셈이다.

엄마가 돌봐줄 수 없어 아이가 어차피 혼자 할 수 밖에 없는 환경이었지만 아이가 알아서 잘해 주었다. 시켜도 잘 하지 않는 딸아이와의 차이점이었다. 한자 공부만 하더라도 오늘 써야 할 것을 적어 놓고 가게로 출근하면 아이가 한 바닥을 다 써 놓았다. 어떻게 하라고 하면 군말 없이 따라와 주었다. 아이 관리라고 해봤자 고작 학교나 학원에 갔다

오면 엄마 눈도장을 찍는 정도였는데도 알아서 잘한 데는 타고난 기질이 작용했을 거라고 혼자 생각해 본다.

나는 사람들과 이야기를 나누는 것을 참 즐기는 편이다. 어찌 보면 쓸데없는 시간을 허비한다고 할 수도 있겠지만 여러 사람과 다양한 이야기를 나누는 속에서 아이교육에 필요한 정보를 아주 많이 전해 들을 수 있다. 예를 들어 어느 학원의 교육 방식은 어떤지, 한자 공부가 왜 필요한지, 선행은 어디까지가 좋은지 등이다.

나의 활달한 성격 덕에 주변 분들로부터 많은 이야기를 듣고 아이에게 필요하다고 생각한 부분을 아이와 상의해 한자 등급시험이나 컴퓨터 등의 자격시험에 도전하게 된 것이다.

아이가 공부하는 습관이 몸에 배는 것이 중요하다고 생각해 시험기간이 아니더라도 방학을 포함해 늘 하루 3시간 이상은 책상에서 공부하도록 일렀다. 말로만 공부하라고 할 경우 아이들은 무슨 공부를 왜 해야 하는지를 몰라 한다. 되도록이면 등급시험이나 자격시험 등을 목표로 잡고 도전해 보자는 맘으로 아이에게 목표를 정해 주면, 아이에게 공부하는 이유와 성취욕까지 고취시킬 수 있을 것이다.

내가 공부에 극성인 엄마라고 생각하지 않았지만 언니네 집에 아이들을 데리고 며칠 동안 놀러 갈 일이 있으면 아이가 공부를 하루도 거르지 않도록 늘 책을 잔뜩 싸 가지고 갔다. 휴가 때라도 하루 중 4시간가량은 공부하도록 아이에게 일렀다. 그러면 언니는 늘 "놀러 온 애들한테 무슨 공부를 하라고 하니." 하며 날 극성스런 엄마라고 불렀다.

내 인생에서 가장 잘한 일

아이의 중학교 성적은 전교에서 1~3등으로 최상위권 안에 있어 크게 걱정하지 않았다. 그렇지만 아이가 늘 책을 보거나 컴퓨터만 즐기고 운동은 걷기조차 싫어해 우리 부부는 걱정했다. 아이가 두루두루 친구들과 어울리는 면이 부족한 것 같아 휴일에 가끔 아이 친구들이 집으로 놀러오기라도 하면 나는 고마운 마음에 간식이라도 더 챙겨주려고 했다. 아이는 반 회장 등이 되는 것에도 별 관심이 없었다.

이렇듯 아이에게 사회성과 리더십이 부족한 것 같아 거정을 많이 했다. 그러던 중 중2 때 학교 총회에서 담임선생님으로부터 "광호에게 전교 부회장 선거 출마를 추천했는데 생각해 보겠다고 해 놓고는, 내일이 마감인데도 대답이 없네요."라는 말을 들었다.

집에 돌아와 남편과 상의하고는 이번 선거 출마과정이 아이에게 자신감과 용기를 줄 수 있는 좋은 기회라는 점에 의견을 같이했다.

"광호야, 엄마 아빠는 네가 부회장직에 당선 되는 것까지는 바라진 않지만 전교생을 대상으로 단상 위에서 너의 생각을 이야기하며 설 수 있는 것에 만족한다." 우리 부부는 아이에게 우리 의견을 이야기했다.

"한번 해볼게요."

아이는 잠시 머뭇거리더니 이내 이렇게 대답했다.

이 말은 우리 아이의 트레이드 마크였다. 우리가 뭔가를 권하거나 부탁하면 항상 이렇게 대답했다. 하지 않겠다는 말은 단 한 번도 하지 않았다. 이런 긍정적인 마음이 모든 일에서 성과를 얻는 계기가 된 게 아닐까 혼자 짐작해 본다.

나와 아이는 머리를 맞대며 선거용 연설 원고를 쓰고, 반 친구들의 도움으로 홍보 포스터도 만들고, 노래가사도 짓는 등 열심히 노력했다. 평소 내성적인 아이가 과연 전교생 앞에서 말이라도 한마디 할 수 있을까 너무 걱정이 되어 5일간만 지도를 받기로 하고 7만 원을 들여 웅변학원에까지 보냈다. 너무 지나친 열성이라는 생각이 들지만 그 당시엔 아이가 활동적인 모습으로 변하기를 바라는 간절한 마음에서 우러난 일이었다.

이런 노력 끝에 우리 아이가 타 후보에 비해 월등한 표 차이로 전교 부회장에 당선되었다. 그날 우리 집은 정말이지 잔치분위기였다. 돌이켜 보면 지금까지 엄마로서 내가 아이를 위해 한 일 중에서 가장 잘했던 일이라고 생각한다. 전교 부회장직에 당선된 이후로 변하기 힘들 줄 알았던 아이의 성격은 크게 달라지기 시작했다. 그저 공부만 잘하고 내성적이었던 아이는 축제 때 사회도 보고, 보아 노래에 맞춰 직접 구상한 춤으로 구경하던 선생님과 전교생들을 웃음바다로 만들며 인기를 끄는 다재다능한 아이로 변해가고 있었다.

나 역시 '우리 아이에게 이런 면이 있었나.' 하며 새삼 놀라웠고, 이제부터라도 포용력이 있고 리더십이 충만한 아이가 되어가는 모습에 그 어느 때보다도 흐뭇했다. 또한 아이가 중1 때 동작교육청에서 학습능력이 뛰어난 아이들을 뽑아 주 1회씩 과학 과목을 가르치는 영재센터를 개설했는데, 우리 아이가 그 20명 중에 발탁되어 자신감을 가질 수 있는 또 하나의 기회가 되었다.

아이가 중3이 되자 담임선생님께서 이번엔 아이에게 전교 회장직을 추천해 주셨다. 아이는 지난번 부회장 선거를 경험으로 회장직에 출마해 보겠다며 이번에는 직접 혼자 원고를 쓰고, 본인의 이름을 활용해 우산에 캐릭터도 만들어 붙이는 등 적극적인 모습을 보였다. 선거 연설에서도 예전의 수줍어하던 모습은 온데간데없고, 설득력 있는 모습으로 잘 해내었다. 치열한 경쟁 속에서 전교 회장에 당선되자 기쁨은 물론이거니와 가슴이 벅차올랐다. 또 회장이 된 후 전교생들과 선생님들 사이에 다리 역할을 하며 책임감 있는 아이로 변해 가는 모습을 보며 전교 1등을 하던 그때 그 이상으로 감사하고 기뻤다. 그러는 동안 아이는 성격이 더욱 활발해지고 공부에도 열심히 몰입하는 모습을 보였다.

우리 아이가 전교 회장을 하면서 얻은 리더십, 자신감, 많은 사람 앞에 나서도 떨지 않고 말하는 태도 등은 소중한 아이의 자산으로 자리를 잡았다. 그 당시 우리 아이를 이끌어 주신 선생님들께 늘 감사한 마음이다.

갑작스럽게 과학고 문을 두드리다

아이가 중학교에 들어들면서 그동안 다니던 동네 보습학원을 그만두었다. 대신 아이는 걸어서가 아니라 학원 차량을 타고 20분쯤 가는 종합학원을 다니기 시작했다. 학원은 보통 밤 10시에 끝이 났다. 특별히 선행학습을 많이 시키지는 않는 학원이었다.

아이는 초등학교 때에 이어 중학교에서도 내신 성적을 최상위권으로 유지했다. 아이에게 그 비결을 물으니 학교든 학원이든 수업시간에 집중해서 듣는 것이 가장 도움이 된다고 했다. 수학은 수업시간에만 집중해도 만점을 받을 수 있다고 했다. 노트필기, 교과서, 학교에서 준 프린트물은 학교 성적을 올리는 지름길이었다. 아이는 이 세 가지는 침대에 누워서도 늘 가까이 할 정도였다.

그런데 아이가 보통 12과목의 학교 시험을 치르면 전체 문제 중 2~7개 정도를 틀리는데 그중 매번 사회 과목에서 한두 문제를 틀리는 것이었다. 아이가 어릴 때부터 주로 과학과 수리계통의 책을 보고 사회와 역사분야의 책에 관심을 덜 가지더니 생겨난 결과였다.

꾸불꾸불 글씨를 교과서처럼 반듯하게

초등학교 때 많은 책을 읽은 영향으로 중학교에서 공부하는 데 큰 도움이 되었지만 다양한 분야의 독서를 하도록 내가 좀 더 보살피지 못한 부분이 아쉬웠다. 중학생이 되자 아무래도 초등학교 때에 비해 학교와 학원 일정이 바빠지다 보니 책 읽는 시간을 내기가 힘들었다. 물론 약간의 여유 시간이 있다고 하더라도 책 읽기보다는 게임하기를 우선 즐겨했다.

이쯤에서 잠깐 우리 아이가 눈이 빨갛게 될 때까지 컴퓨터 오락을 좋아해서 생긴 나와 아이와의 갈등을 언급하지 않을 수 없다. 컴퓨터를 다른 아이들에 비해 비교적 늦은 시기인 초등학교 4학년 끝 무렵에 사주었는데 아이는 너무나도 컴퓨터를 가지고 노는 걸 좋아했다. 어느 날은 밤을 새워 새벽까지도 컴퓨터 앞을 떠나지 못하고 충혈된 눈으로 게임에 몰두하고 있었다.

이 부분이 내가 아이를 이해하는 데 가장 어려웠던 부분이었다. '나도 힘들 때 친구나 이웃들과 한참 동안 이런저런 이야기를 나누다 보면 쌓였던 스트레스가 풀리고 계속 이야기꽃을 피우고 싶듯이, 아이도 게임에 몰두해 있으면서 이기고 지는 과정 속에서 자기만의 스트레스를 날리고 있는가 보다.'라고 생각하며 나 스스로를 이해시켰다.

그러나 중학교 때도 마찬가지로 아이는 게임을 즐겨해 나는 아이와 하루에 컴퓨터 하는 시간을 2~3시간으로 정하고 그 이후엔 공부하기로 룰을 정했다. 그 룰은 잘 지켜졌지만 한 가지 아쉬운 점은 해야 할 공부를 다 마치고 게임을 하는 것이 아니라 게임을 먼저 시작하고 나중에 공부를 한다는 데 있었다. 그 습관은 지금도 이어져 처음 공부부터 먼저 하도록 정하지 않은 것이 후회가 되기도 한다.

중학교에서는 학교 성적에서 수행평가 점수가 차지하는 부분도 크다. 그런데 초등학교 때부터 우리 아이의 글씨는 알아보기도 힘들 정도로 꾸불거렸다. 아이에게 중학교에서는 깔끔한 노트정리나 과제물의 완성도에 따라 수행평가 점수가 많이 달라진다고 하니 아이는 글씨체를 완전히 교과서처럼 반듯하고 정성스럽게 쓰려고 노력하는 모습을 보였다. 내신 점수 관리를 위해 수행평가도 꼼꼼하게 최선을 다하려고 한 것 같다. 그래도 역시 여학생들의 깔끔하고 예쁜 글씨체로 쓴 노트나 과제물엔 못 미칠 때가 많았다. 아이에게 고쳐야 할 부분을 얘기하면 따라주려 애쓰는 마음이 늘 고마웠다.

우리 동네는 교육환경 면에서 특목고에 대한 인식이 그리 높은 편이 아니다. 주변에 과학고 전문학원도 없고, 혹 개설되었다가도 몇 개월이 지나면 없어지기도 했다. 아이의 학교, 학원 선생님들은 "아이가 남달리 수학, 과학 과목에 뛰어나다."며 "과학고에 보내면 잘 맞을 것 같다."고 했다. 하지만 나는 가게를 운영하며 바쁘게 생활하는 엄마로서 과학고가 멀게만 느껴져 '열심히 공부시켜 가까운 일반고에 보내겠다.'는 생각만 했다.

그러나 아이는 교육청의 과학영재 수업을 재미있어했고, 특히 물리 과목에 관심을 가졌다. 물리 선생님이 "광호 보러 오는 재미로 다닌다."는 칭찬까지 아끼지 않았으니 아이가 열심히 하지 않을 수 없었다.

여러 선생님의 칭찬과 격려 속에 아이가 중학교 3학년이 되었다. 5월 말이 되자 아이와 과학고를 목표로 공부해 보자는 계획을 세우게 되었다. 그러나 그때는 석 달째 어떤 학원에도 다니지 않고 있던 상황이었다. 아이는 중학교 들어가 다니기 시작한 종합학원을 2학년 11월 말로 그만두고 영어, 수학, 과학 단과학원을 다니기 시작했다. 5명으로 팀을 짜서 다녔는데, 같이 수업 받던 아이들이 과학보다는 영어, 수학 위주의 수업에 치중하기를 원하면서 강남에 있는 학원으로 옮겨가는 바람에 팀이 3개월 만에 해체된 것이다.

전문학원에서 경쟁력 있는 아이들의 자극을 받다

선생님들의 격려와 의견을 듣고 아이의 과학고 진학을 목표로 세우

긴 했지만 어떤 학원에 등록해 어떻게 준비를 시작해야 할지 아이와 나는 아는 바가 전혀 없었다. 과학고 시험까지는 6개월이 채 남지 않은 상태였다. 불안한 마음에 나는 일단 가게 일을 뒤로 하고 특목고 설명회가 열리는 곳마다 열심히 참석했다. 그래도 학원을 못 정해 갑갑해하던 차에 중1 때부터 친하게 지내오는 아이 학원 친구 엄마들 모임을 통해 목동에 A+라는 과학고 전문학원이 있다는 얘기를 들었다.

엄마 5명과 택시를 타고 곧장 학원에 가서 원장 선생님과 상담하고 진도를 물어보았다. 그때 우리 아이는 〈수학의 정석〉 기본 가를 배우다 쉬고 있던 중이었는데 학원 아이들은 이미〈수학이 정석〉 실력 나를 배우고 있었다. 진도 차이가 너무 많이 났지만 뾰쪽한 수가 없어 일단 이 학원에서 수업을 받기로 했다.

남편에게 내가 아이를 목동 학원으로 보내는 게 어떻겠느냐고 상의하자 남편은 "처음으로 집에서 멀리 떨어진 데 가게 되면 아이가 너무 고생하는 것이 아니냐."고 걱정을 했다. 늘 아이가 공부에 시달리는 듯 보였는지 공부보다는 친구관계와 건강이 우선이지 않느냐고 했다.

아이에게 학원에 대해 설명하고 "집에서 거리는 멀지만 과고 전문학원이니 열심히 해 보자."고 했다. 학원까지는 차로 1시간 이상 걸렸다. 아이는 학교가 끝나자마자 오후 5시쯤 학원으로 출발해 다음날 새벽 2시가 되어서야 집에 돌아왔다. 나는 아이가 오는 그 늦은 시간에 맞춰 매일 학원 차량이 아이들을 내려주는 곳까지 마중을 나갔다. 아이와 집으로 걸어오는 5분간의 길에서 아이에게 과일 한 조각이라도 더 먹이고, 졸려하는 아이를 집에 도착하자마자 1분이라도 더 빨리 재우고 싶은 마음에서였다.

주말에는 학원에서 차량을 운행하지 않아 아이는 늦은 시간까지 학원에서 공부하고 마지막 전철을 타기 위해 뛰다시피 돌아와야 했기에 아빠가 마중을 가 주었다.

늦은 감은 있으나 아이는 과고 전문학원에서 경쟁력 있는 아이들과 공부를 시작하니 자극이 되어서인지 집에서도 긴장감을 가지고 공부하는 모습을 보였다. 아이가 학원을 다니기 한 달쯤 지나고 선생님께 "아이가 다른 애들에 비해 진도 차이가 많이 나서 어떻게 해요?"라고 물었더니 "이해력이 좋아서 충분히 따라올 수 있어요."라며 용기를 주셨다. 그리고 곧 아이는 그 학원 시험에서 2등을 했다. 또한 학원 과학수업 중에 선생님이 유전자에 관해 질문했던 적이 있었는데 아이가 유일하게 그 질문에 답을 하니 학원 아이들이 "너 어디서 수업 받다 왔니? 어느 학원에서 왔니? 강남에서 온 거니?"라고 묻기에 "아니, 우리 학교 선생님들께 배운 거야."라고 대답했다고 한다.

아이가 과학고 전문학원을 다니기 시작하고 한 달쯤 지난 7월경에 나는 송파에 있는 과고 전문학원에서 개최한 설명회에 참석했다가 처음으로 올림피아드대회에 대해 듣게 되었다. 집에 와서 아이에게 "올림피아드대회가 8월에 개최된다."면서 "그 시험에서 금상을 타게 되면 과학고 입학할 때 가산점 2점이 주어지고 여러 가지로 혜택이 많다."고 설명해 주었다.

아이는 물리부분에 응시하겠다고 했다. 시험 장소인 청주 교원대가 너무 멀어 망설였지만 여행 겸 아이에게 좋은 경험이 될 것 같아 응시하기로 했다. 시험 주최 측에서는 1,000명 정도의 학생들이 응시할 거라고 예상했는데 2,000명 가까운 학생들이 몰리자 시험 1주일 전에 시험 장소를 서울대로 변경했다. 우리 입장에서는 집에서 20분 거리니 참 잘된 일이었다.

목동 학원에서는 과학고 구술 면접시험에 대비해 공부했기에 올림피아드 시험은 아이가 따로 혼자 준비해야만 했다. 시험 준비기간은 단 한 달뿐이었고 혼자 준비해야 한다는 점에 아이의 부담감이 컸지만 아이는 혼자 해 보겠다고 했다. 무슨 책으로 시험공부를 시작해야 하는지도 몰라 인터넷을 찾아보니 〈하이탑〉이라는 책으로 많이들 준비한다고 했다. 마침 아이가 중1 때 다니던 종합학원에서 과학고 대비반을 만들어 두 달쯤 수업을 진행하다가 해체한 적이 있었다. 그때 학원에서 샀던 〈하이탑 6차〉란 책이 진도가 나간 흔적이 거의 없이 우리 집에 있었다. 하지만 학원에서 구입한 복사본으로 만들어진 책이라서 답지가 없는 상태였다. 그 책에 의지해 아이가 혼자 공부한다는 게 더욱 막막했다.

서점에 알아보니 그 책은 절판된 책이라 다시 구할 수도 없다고 했다. 마침 답지를 가진 학원 선생님이 우리가 복사할 수 있도록 빌려 주었다. 집 근처 사방을 둘러 수소문하고 버스를 타고 신림 4거리까지 나가 제본을 떠 주는 곳을 찾아 봤지만 허탕이었다. 마음이 조급했다. 올림피아드 시험 날짜가 코앞에 다가온 지금 시간이 금쪽같은데 답지 복사하는 곳을 찾느라 시간을 보내고 있다고 생각하니 마법이라도 불러보고 싶은 심정이었다. 부천에 사는 제부에게 제본을 부탁하니 아는 곳이 있다며 우리가 빌려온 답지를 받아 제본을 떠서 택배로 보내 주었다.

시험 전날 온 가족이 노래방에서 자정 넘게 논 이유

시험이 한 달도 채 남지 않은 상태에서 아이는 물리 경시대회에 대비해 집중적으로 공부하기 시작했다. 시험 하루 전날, 우리 가족은 어차피 한 달 동안 준비한 것으로는 수상하기는 힘들 것이라고 마음을 먹고 나가서 외식을 하고 내친 김에 노래방까지 가서 노래를 부르며 기분전환을 했다. 종종 가족 외식 후 이어지는 노래방이 코스처럼 되어버려 아이는 이날 동생과 호흡을 맞추어 쉬지 않고 노래를 불렀다. 우리 가족이 집에 돌아오니 자정이 훌쩍 넘었다. 아이는 다만 몇 글자라도 더 보겠다며 물리 경시대비 책으로 공부를 시작했다. 그 모습을 보니 아이에게 괜히 미안한 마음이 들었다.

다음날 아침 아이와 우리 부부는 올림피아드 대회가 열리는 서울대로 향했다. 우리 가족은 이런 큰 대회에 처음으로 와 본 것이다. 시험에 대한 정보를 뒤늦게 듣고 번갯불에 콩 구워 먹듯 급하게 독학을 한 아이가 시험장 안으로 들어가는 모습을 보고 미안하고 한편 기특한 생각이 들었다.

참가한 아이들에 대한 정보를 알지 못하는 나로서는 옆에 앉아 아이들이 나오기를 기다리는 다른 학부모들과 얘기를 나눠볼수록 놀라움을 금치 못했다. 천안에서 올라와 방학 동안 합숙하며 경시대회 준비를 해온 아이, 대전에서 주말이면 KTX를 타고 경시학원에 다니는 아이, 초등학교 때부터 이 시험을 3~5년씩 준비해온 아이, 가족의 전폭적 지지를 받으며 공부해 온 아이 등 전국 각지에서 내로라하는 아이들이 철저한 준비 끝에 모두 모여 시험을 치르는 것이었다.

다른 학부모들의 엄청난 이야기를 듣는 동안 시험장에 들어간 아들 모습이 떠올랐다. 갑자기 생각지도 못하던 시험에 대비하기 위해 간신히 구한 답지를 이용해 배운 적이 없는 미적분 등을 인터넷 강의에 의존하기도 하며 오롯이 혼자 공부한 아이, 그마저도 방학 때이긴 해도 오후에는 과학고 구술시험에 대비하기 위해 학원에 가느라 오전 시간만 이용해서 한 공부. 좀 더 아이를 뒷받침해 주지 못하고 도움을 줄 수 없었던 내가 작게만 느껴졌다.

마침내 며칠 후 올림피아드 경시대회 시험 성적이 나왔다. 우리 아이가 전국 금상을 탄 것이다.

"광호야, 정말 장하다 그리고 고맙구나!"

눈시울이 시큰해지며 나도 모르게 이 말이 수없이 되뇌어졌다. 이렇게 해서 얻은 이 상이 우리 아이가 서울과학고에 특차로 입학 수 있는 큰길을 열어 주었다. 우리 아이는 6개월 만에 합격하는 행운을 얻었지만 사실 이런 행운은 누구나 기대하기 힘들다. 비록 짧은 기간이었다 하더라도 그전에 쌓아놓은 공부저력이 있었기에 가능한 일이었다.

우리 아이의 경우엔 그리하지 못했지만 과학고를 준비하는 아이와 학부모는 여러 가지 경시대회를 미리 준비해 여유 있게 공부하는 것이 좋을 듯하다. 학교 내신 중 수학, 과학, 영어, 국어 4과목은 가장 큰 비중을 차지하기 때문에 학교 성적관리를 잘하는 것도 또한 중요하다.

드디어 우리 아이가 서울과학고 특차모집에 합격했다는 소식이 들려왔다. 특차전형은 서류심사와 면접과정을 거쳤는데, 서류심사에서는 중학교 내신 성적과 올림피아드 물리부분 금상 수상이 반영됐다. 아이가 다니던 중학교에는 축하 플래카드가 걸리고 선생님들과 주위 분들의 과분한 축하인사를 받았다.

아이들은 늘 새로운 출발선에 선다

그러나 과학고에 합격한 그 기쁨 속에서도 걱정이 시작되었다. 과학고 생활을 시작하기 4개월 전인 이 시간에 무슨 공부를, 어떻게, 얼마나 준비해 가야 하는지를 모르겠으니 또 다시 아이와 나는 막막해진 것이다. "산 넘어 산이구나!"라는 절로 생각이 들었다. 정보가 전혀 없던 엄마로서는 돛단배에 의지한 채 망망대해에 떠 있는 기분이었다. 누군가가 알라딘 램프의 요정처럼 짠 나타나 공부 방향을 속 시원히 알려주길 바라는 마음 간절했다.

나는 너무 걱정이 되어 가게에 앉아 여러 학원에 전화를 걸어보며 공부 방향을 잡아보려 노력했다. 아이가 고등부 경시에 대비해 준비해야 하는 건지, 아니면 과학고 입학 예정인 아이들이 학교 내신에 대비해 선행학습을 많이 해온다는 얘기를 들었으니 선행학습을 시켜야 하는 건지 마음만 바빠졌다. 입학까지 남은 4개월간 무엇에 초점을 맞추어 아이를 이끌어야 할지 내내 걱정이 되었다.

합격 발표 이후 바로 경시학원으로 향하다

예비소집일에 아이와 함께 서울과학고에 갔다가 대치동에서 경시대회 준비로 유명한 미래영재경시학원이 있다는 얘기를 들었다. 그날 오후 6시가 등록 마감이라고 해서 우리는 부랴부랴 지하철을 타고 마감시간 30분전에 학원에 도착했다. 아이가 학원 테스트를 보는 동안 주변 얘기를 들어보니 과학고 신입생 물리 경시 대비반으로 30명을 모집하는데 경시에 관심 있는 아이들이 너무 많이 몰려왔다고 했다.

나는 강남에 있는 학원이 집에서 한 시간 이상 거리가 되어 아이가 다니기에 너무 멀다고 판단해 보낼 생각을 하지 않았다. 그러나 막상 와서 보니 의정부, 인천, 수원 등에서 온 학생들이 대다수이고 1시간 거리는 아무것도 아니었다. 다음날 다행히 아이는 합격은 했으나 이내 나의 갈등이 시작되었다. 아이가 3월부터 시작되는 고등학교 신학기 내신에 대비한 선행학습을 하지 않고 경시 전문학원에 다니는 것이 잘한 선택일까.

나는 아이가 과학고 구술시험 대비를 위해 다녔던 학원 선생님께 전화를 드려 "아이가 물리 경시 전문학원에 합격해 다니게 되었는데 그렇게 되면 학교 내신을 위한 선행학습이 안 돼 걱정이 되네요."라고 상의를 드렸다. 선행학습은 "아이를 5개월간 가르쳐 보아서 아는데, 내신은 잘 챙길 녀석이니 걱정하지 말라."며 "수학, 과학 면에서 번쩍거리는 구석이 있어 경시 전문학원에서 공부하도록 하길 참 잘했다."고 말해 주셨다. 여기에 힘을 얻어 학원에 아이를 등록시켰다.

그 학원에서는 셔틀버스를 운행하지 않아 아이는 시내버스와 지하철을 타고 1시간 이상 걸리는 학원을 다녀야 했다. 첫날 학원을 다녀온 아이는 처음으로 입을 열었다. "고등부 경시 대비 공부가 어렵긴 어렵다."고. 어렵다는 말을 거의 하지 않던 아이였기에 더럭 겁이나 "그럼 경시를 포기하고 내신을 준비하자."고 했더니 아이는 "그냥 한번 해볼게요."라고 말했다. 한 달이 지나 또 내신준비가 걱정이 되어 경시를 포기하자고 말하니 아이는 가방을 메고 경시학원으로 가버렸다.

아이는 도전해보려 하는데 엄마가 불안해서 이랬다저랬다 하는 것 같아 미안한 마음이 들어 그 다음부터는 아이를 믿고서 갈등 섞인 말은 하지 않았다.

몇 달이 지나 학원에서 평가시험을 보았다. 기존에 이미 배우고 있던 A반과 신입으로 등록한 B반을 합친 60명 중 우리 아이가 1등을 했다. 일반물리 과목이 경시 대비에 필요한 과정이지만 다른 아이들이 이미 2~3번씩 배운 과목이라 학원 수업에서는 그 과목이 빠져 있었고, 우리 아이는 고등부 경시대비가 처음이라 일반물리를 배운 적이 없었다. 난감해하던 차에 5명으로 4개월간 일반물리를 공부하는 과외팀에 넣어 주 1회씩 수업을 받게 했다. 이때 받은 수업이 아이가 경시를 준비하면서 모르는 부분으로 생긴 틈새를 메워주어 큰 도움이 되었다고 한다.

소문과 진실 사이

과학고 입학 후 내가 지나칠 정도로 걱정했던 중간고사에서 아이는 전교 3등을 했다. 기말고사에서는 1등을 차지했다.

"너, 처음 서울과학고에 입학하게 되었을 때 겁나고 불안하진 않았니? 비록 네가 중학교에서는 공부를 잘했다고 해도 쟁쟁한 아이들 속에서 경쟁을 한다는 것이."

수예점에서부터 동고동락하는 사이가 되어 무척 친밀한 이모가 아이에게 물었다. "예, 어느 정도 불안하긴 했어요."라고 아이는 대답했다. "그런데 시험 준비는 어떻게 했니? 학교 시험이 어렵지 않았니?" 하고 다시 물어보니 아이는 "그래도 다 배운 내용에서 나오니까요. 수업시간에 잘 들어요."라고 했다.

나 역시 아이가 필요로 하는 여러 가지 부분을 아낌없이 뒷받침해 주지 못한 일, 그간 고생했던 일이 떠올라 눈가가 촉촉해지기도 했지만 열심히 노력하는 사랑하는 아이를 위해 부족한 엄마이지만 할 수 있는 것은 무엇이든 다 해 주고 싶었다.

한 번은 아이 학교에 체육대회가 열린 날이었다. 학교에 가서 아이를 찾아보니 아이가 보이질 않았다. "우리 아이가 어디 있지?" 하며 궁금해하자 한 어머니가 "광호는 분명히 어디 나무 밑에서 공부하고 있을 거야."라고 해 웃었는데, 얼마 후 "광호는 체육대회날도 나무 밑에서 공부하더라."고 엄마들 사이에서 전해졌다. 물론 우리 아이에게 물어 보니 친구들과 응원하고 있었다고 했다. 모든 학생들이 열심히 응원한 덕분에 서울, 한성, 경기, 인천 등 4개 과학고 연합체육대회에서 서울과학고가 1등을 했다고 한다.

엄마들로부터 "광호가 기숙사 침대에서 자는 것을 아이들이 한 번도 못 봤대요. 잠도 책상에서 잔대요."라는 재미있는 말도 들은 적이 있다. 하지만 사실은 우리 아이는 초등학생용 가로 세로 컴퓨터 퍼즐 맞추기

게임을 신나게 하고, 미용실에서 머리를 자르고 나서는 변한 헤어스타일이 맘에 드는지 그 모습을 핸드폰 카메라에 담으려고 열심히 셔터를 눌러대기도 하는 아이이다. 엄마처럼 잠자는 걸 제일 좋아해 내가 자고 있으면 "엄마~." 하며 내 옆으로 바짝 와 눕는 걸 좋아한다. 책상에서는 절대 자지 않는, 키는 쑥 컸지만 엄마 눈엔 여전히 애기 같은 아이이다.

과고에 들어가고 난 뒤 아이는 주말이면 기숙사에서 집으로 돌아와 강남에 있는 학원에 다녔다. 밤 11시에 대치동에서 수업이 끝나니 서둘러 지하철 막차를 타고 또 버스를 갈아타고 신림동 집까지 와야 했다. 지하철이 끊기는 시간엔 택시를 타고 온 적도 있다.

나는 자정이 넘어 오는 아이를 기다리며 한편으로는 불안하고 또 한편으로는 안쓰러워 "엄마가 마중 갈까?" 하고 물었지만 아이는 "괜찮아요. 엄마도 힘드시잖아요."라며 만류했다. 하지만 아이가 집안으로 들어올 때까지 '내가 괜히 아이 고생시키는 건 아닌가?' 하며 자책도 하고 도저히 맘을 놓을 수가 없었다. 남편은 "아이를 지나치게 보호하고 챙겨주면 애들이 독립적이지 않게 된다."며 그냥 혼자 학원에서 오도록 하자고 했다.

중간고사가 끝나고 아이가 학교 숙제를 밤새워 하느라 2시간밖에 못 자고 학원으로 간 적이 있었다. 그날 나는 남편에게 "여보, 오늘은 광호가 너무 피곤할 테니 아이를 학원 앞까지 데리러 가요."라고 제안했다. 목동이 아닌 강남으로는 처음 아이를 데리러 갔다 온 날, 남편은 많이 놀랐다고 했다. 그 늦은 시간에 학원 앞 양쪽 길에 아이들을 데리러 온 학부모들의 차량이 즐비하게 늘어서 있는 가운데 유일하게 걸어서 지하철로 향하는 우리 아이를 본 것이다. 그 일이 있고 나서는 말하지 않아도 남편은 주말이면 일부러 저녁 약속을 만들지 않고 아이를 데리러 간다.

'고마워요, 여보. 먼 길 가려면 당신도 피곤하고 힘들 텐데. 그리고 광호에게도 고맙구나. 엄마 아빠가 힘들까 봐 학원에서 혼자 지하철을 타고 다닌다는 말을 한 번도 하지 않고 집으로 오는 마지막 지하철 시간에 늦지 않기 위해 4개월 동안 얼마나 후다닥 계단을 내달렸을까.'

경제적, 시간적으로 여유롭진 않지만 매주 토요일이면 아이를 향한 사랑을 듬뿍 안고 학교로 가 기숙사에서 짐을 가지고 나오는 아이를 사감실 앞에서 반갑게 기다린다. 옷가게를 운영하는 내 한 손에는 남대문 시장에서 구입한 물건 가방을, 또 다른 손에는 우리 아이 트렁크를 든 채 힘든지도 모르고 서울과고 학부모 중에서 유일하게 아이와 함께 전철을 타고 집으로 향하는 엄마이다.

그래도 너무나 기쁘고 행복하다. 토요일마다 엄마 아빠보다 훌쩍 커버린 아이 손을 꼭 잡고 전철 속에서 아이와 한 주간 밀린 이야기꽃을 피우기도 하고, 서로에게 기대어 꿀잠을 자기도 하고, 종착역에 내려 맛있는 것을 사 먹으면서 집에 오는 순간에 "바로 이것이 행복 일거야."라는 생각이 든다.

물꼬를 터 주고 다리를 놓아 주라

아이가 수리나 과학 등 이과 계통에 큰 잠재력과 능력을 보이고 있지만 부모가 시간적, 경제적으로 여유롭지 못하다고 생각해 아이의 능력

개발을 망설이는 엄마도 있을 것이다. 나 역시 선생님들의 추천을 받고도 우리 아이를 뒷받침해 줄 엄두가 나지 않아 그냥 아이를 일반고에 보낼 생각을 했으니까. 하지만 그렇게 했을 경우 이과 성향이 짙은 아이가 일반 고등학교에서 일반적인 12과목을 배우는 동안 아이의 잠재력은 서서히 사그라지고 말았을 것이다.

내가 어렸을 적에 우리 집은 농사를 지었다. 봄에 고추씨를 뿌리고 싹이 터 모종이 올라오면 우리 가족은 모두 고추밭으로 가서 싹이 나온 그 위 비닐에 작은 구멍을 일일이 뚫어 주었다. 고추 모가 커 가는 데 걸림돌이 되는 비닐을 조금 뜯어내 줌으로서 고추 모가 햇빛을 맘껏 쐬며 쑥쑥 커 주렁주렁 열매를 맺도록 도와주려 했던 것이다. 우리 부모들 역시 아이가 잠재력의 싹을 키워 나갈 수 있도록 도와주어야 한다.

비닐을 걷는 일까지 100% 해 줄 필요도 없고, 다만 그 싹이 위로 올라갈 수 있도록 작은 틈새만 열어 주는 것만으로도 아이는 능력을 키워 우리의 상상 이상으로 훨씬 더 커다란 열매를 맺을 것이다. 또한 부모가 아이보다 지나치게 먼저 앞서 나가면서 아이를 이끌지 않도록 조심해야 한다. 싹이 트기 전에 비닐을 열어 버리면 고추 모는 이내 얼어 버리는 것과 같은 이치이다.

아이가 어느 방면에 관심과 재능이 있는지를 관심 있게 지켜보고 아이의 재능에 물고를 천천히 터 주어 언젠가는 그 재능이 바다만큼 넓은 곳에서 더욱 커 나갈 수 있도록 도와주는 게 작지만 큰 부모의 역할이라고 믿는다.

우리 아이의 중학교 친구 엄마가 내게 전화를 걸어 왔다. 그 아이는 중학교 때 우리 아이 못지않게 학교 성적이 좋았고 전교에서 늘 1~2위를 하던 아이였다. 그 엄마가 한숨까지 쉬는 것을 보니 아무래도 걱정이 있는 듯했다. 아이가 일반 고등학교에 입학해 첫 시험을 보았는데 성적이 중학교 때에 비해 너무 많이 떨어졌다는 것이었다. 여기에 아이는 물론 부모까지 충격을 받았고, 그 후 아이는 신경이 너무 예민해져 부모의 말 한마디에도 짜증과 신경질을 낸다고 했다. 그러다가 부모와 아이 사이에 한바탕 소동이 벌어지기도 했고, 그래도 아이의 기분은 여전히 나아지질 않고 내내 신경질적이어서 처음으로 아이 때문에 울기까지 했다는 하소연이었다.

그 아이 역시 우리 아이처럼 초등학교 6학년 때까지 집에서 가까운 학원을 다니며 공부했다. 우리 아이가 중학교에 올라가면서 종합학원으로 옮길 때 그 아이에게도 같이 학원을 옮겨보자고 제안했지만 그동안 친숙했던 학원에서 낯선 곳으로 옮기는 것에 대한 부담 때문인지 아이는 중학교 3년 내내 집 근처 학원을 고집했다.

크고 이름난 학원이 꼭 좋다는 것은 아니지만 이 아이처럼 학교 성적이 썩 좋은 아이일 경우 좀 더 공부를 잘하는 아이들과 만나서 고등학교에 대비한 선행학습과 심화학습이 이루어졌더라면 아이가 고등학교에서 좀 더 좋은 결과를 얻을 수 있지 않았을까 싶었다.

그러나 이미 시간이 흐른 상태라 나는 “아이가 부족해하는 두 과목 정도를 3~5개월 정도 아이에게 맞는 과외 선생님을 구해 좀 더 심도 있게 공부를 시켜보는 게 어떨까요?”라고 조언을 했다. 왜냐하면 우리 아이의 경우에도 고등부 경시대비 학원에 등록해 공부할 때, 배우지 않은 부분을 4개월간 보충수업을 받게 했는데 그때 받은 수업이 크게 도움이 되었기 때문이었다.

몇 개월 후 그 엄마가 다시 전화를 걸어 "조언해준 대로 중간고사 이후 3개월간 아이가 영어와 수학 과외를 받게 했는데 시말시험에서는 성적이 잘 나왔다."며 "아이의 기분도 나아져 부모와 예전처럼 따뜻한 관계가 되었다."고 했다. 기분 좋은 소식이었다. 아이의 성적이 떨어지는 것은 고사하더라도 그로 인해 아이와 부모와의 관계가 소원해지는 것보다 부모 마음을 더 아프게 하는 것이 어디에 있을까.

과외가 꼭 좋다 라기보다는, 우리 아이가 초등학교 5학년 때 음악에 대한 이해가 떨어져 음악 학원에서 받았던 1년간의 음악수업, 중학교 부 학생회장 선거에 출마했을 때 5일간 받았던 웅변학원의 지도, 고등부 경시대비 학원에서 수업을 따라가기가 벅차서 받은 4개월간의 과외 수업들이 우리 아이가 한 단계 껑충 도약할 수 있는 디딤돌 역할을 해주었다고 생각한다.

아이가 공부라는 먼 길을 가다가 느닷없이 나타나는 강을 만나 건너기 힘들고 벅찰 때는 단기 코스의 학원이든 개인 지도든, 부모 입장에서 무리하지 않는 선에서 아이가 그 강을 건널 수 있도록 다리를 놓아주는 일 역시 중요하다고 생각한다. 아이가 큰길을 향해 계속 갈 수 있도록.

아쉬움이 없는 것도 아니다. 폭넓은 독서를 시키지 못했던 점이다. 아이는 자기가 좋아하는 책은 열심히 읽었지만 그렇지 않은 책은 보지 않았다. 중학교 때인가 문학책을 좀 읽힐 요량으로 전집 50권을 사준 적이 있었는데, 그중 한 권만 읽고 나머지는 끝내 보지 않았다. 한국역사나 세계역사에도 별로 관심이 없었다. 폭넓은 독서로 사고의 폭을 키워주지 못한 게 못내 아쉽다.

과학고 진학 성공 POINT

1. 영재센터 등에서 공부할 수 있는 기회를 만들자

학교에서 해볼 수 없는 깊이 있고 다양한 실험과 좀 더 전문적인 지도를 받을 수 있는 기회이므로 아이가 공부에 대한 지적 호기심을 더해갈 것이다.

2. 국어, 영어, 수학, 과학은 1학기 이상 선행학습이 필요하다

과학고 응시는 중학교 2학년 1학기부터 3학년 1학기까지의 내신이 전교 3% 이내여야 가능하므로 국, 영, 수, 과 등 주요 4과목 성적을 탄탄히 유지해야 한다. 그러기 위해선 아무래도 심화된 선행학습이 필요하다.

그리하여 시험기간에는 복습하는 기분으로 여유 있게 내신시험을 준비할 수 있고 어려운 문제까지도 거뜬히 해결할 수 있을 것이다.

3. 올림피아드 경시에 도전하라

물론 올림피아드 경시에 도전해 좋은 결과를 얻는 것이 쉽지는 않지만 의외로 아이의 숨은 재능이 엄청날 경우 뜻하지 않은 좋은 결과로 아이와 부모 모두에게 새로운 발판이 될 수 있다.

또한 특목고 특별 전형 입학 시에도 크게 반영이 되며, 공부하는 과정에서 아이의 지식도 커 가고 스스로 여러 목표를 세우고 공부하면 그만큼 공부의 효율이 클 거라 본다.

4. 영어 소설이나 동화를 습관처럼 읽자

영어 공부를 따로 시간 내어 하기가 버겁다면 쉬운 책부터 영어동화로 시작해 소설로 발전해 가며 습관처럼 자투리시간 등을 이용해 읽는 습관을 들이자. 되도록이면 어렸을 때부터. 소리 내어 읽으면 더욱 좋다.

단어나 어구보다는 문장과 문맥을 통해 영어의 적정한 사용법을 제대로 배울 수 있고 번역되지 않은 원어의 뉘앙스를 그대로 느낄 수 있을 것이다.

5. 좋은 학원을 선정하자

좀 거리가 멀고 무리가 되더라도 지나치지 않다면 아이가 좋은 교육을 받을 수 있는 학원을 선택하자. 아이의 능력을 제자리에 머무르게 하지 않고 한 단계씩 끌어올려 줄 수 있는 자극이 되는 경쟁력 있는 곳이 좋다.

6. 목표로 하는 학교를 정한 후 충분히 정보를 확보하자

누구나 다 활용하겠지만 나도 역시 인터넷을 통해 과학고 입시 설명게시판을 열심히 보고 그 학교에서 입학 시 요구하는 부분을 정확히 알게 되었다. 내가 아이의 입시 준비 방향을 잡아갈 때 큰 도움이 되었다.